# 幼儿园

## 红色文化主题阅读活动设计案例

主　编　方赛卿
副主编　黄怡珊
参编人员　陈　磊　柯璇珠　张　洁　李燕玲
　　　　　李　珊　许宗娴　吴英晞　余伊敏
　　　　　林晓玲　张洁琳　林晓璇　林素君
　　　　　卢　茵　金　薇　李若帆　吕秀梅
　　　　　汤淼涌　郑益淳　何丽薇　李　苹
　　　　　姚晓娜　陈　静　谢冬宜

广东高等教育出版社
Guangdong Higher Education Press

·广州·

图书在版编目（CIP）数据

幼儿园红色文化主题阅读活动设计案例／方赛卿主编 . -- 广州：广东高等教育出版社，2024.12. --ISBN 978-7-5361-7843-4

Ⅰ. G611

中国国家版本馆 CIP 数据核字第 2025XQ8390 号

YOU'ERYUAN HONGSE WENHUA ZHUTI YUEDU HUODONG SHEJI ANLI

| 出版发行 | 广东高等教育出版社 |
| --- | --- |
| | 地址：广州市天河区林和西横路 |
| | 邮编：510500　电话：（020）87554153 |
| | 网址：www.gdgjs.com.cn |
| 印　刷 | 广州小明数码印刷有限公司 |
| 开　本 | 787 mm×1092 mm　1/16 |
| 印　张 | 9.5 |
| 字　数 | 170 千 |
| 版　次 | 2024 年 12 月第 1 版 |
| 印　次 | 2024 年 12 月第 1 次印刷 |
| 定　价 | 29.00 元 |

# 序：阅红色经典，润书香童年

习近平总书记2014年在中央民族工作会议上的讲话中指出："青少年时期是价值观、人生观和祖国观、民族观形成的关键期。教育是渗进血液、透入灵魂的，一定要从小就抓，从幼儿园就抓。要抓好爱国主义教育这一课，把爱我中华的种子埋入每个孩子的心灵深处，让社会主义核心价值观在祖国下一代的心田中生根发芽。"红色文化蕴含着厚重的历史底蕴和丰富的精神内涵，是中华民族优秀文化的重要组成部分，也是幼儿园开展爱国主义教育的重要内容载体。

汕头市中山幼儿园长期致力于早期阅读的研究，基于"共生"的园所文化，开发了"快乐阅读园本化课程"。近几年，幼儿园尝试把红色文化融入早期阅读园本课程中，挖掘红色文化的育人价值，利用其真善美的属性，培养幼儿积极活泼、健康向上的精神品质和性格特征，帮助幼儿树立正确的人生观、价值观，在幼儿心里厚植爱国情怀。

幼儿园以红色主题绘本为载体，遵循课程生活化和游戏化的原则，基于"儿童立场"，在红色资源中的"人""事""物""地"中寻找与幼儿生活和兴趣紧密联系的切入点，并将培育和践行社会主义核心价值观作为红色文化主题阅读课程的核心目标，与幼儿的真实生活连接，沿着幼儿经验的生长路线、完整经验的获得路径生成红色文化主题活动，同时创设浓厚的红色文化环境氛围，挖掘丰富的社区和家长资源，让幼儿全方位感受红色文化的熏陶和教育。本书是幼儿园开展红色文化主题活动的阶段性成果，收录了小班、中班、大班3个年龄段共5个主题活动方案。每个方案包含主题说明、主题目标、主题网络图、环境创设、家园共育、主题活动计划表、主题活动设计、主题评价和主题资源9个部分，详细并完整地呈现幼儿园红色文化主题活动的实施过程，体现幼儿园在红色文化主题阅读课程构建过程中的儿童观、教育观和课程观。

在幼儿的认知里，红色文化是比较抽象的，怎样让红色文化真正被幼儿理解，感染并影响幼儿呢？本书将在理论和实践上给幼教同行提供一些借鉴或启发，帮助幼儿园更科学有效地开展红色文化主题教育，激励幼儿不断坚定理想信念，筑牢信仰之基，弘扬红色文化，传承红色基因，促进幼儿德、智、体、美、劳全面发展。

编　者

2024年10月

# 目 录

小班主题活动：闪闪的红星 / 1

小班主题活动：向着国旗敬个礼 / 25

中班主题活动：小英雄王二小 / 55

大班主题活动：长征路上红小丫 / 77

大班主题活动：英雄小海娃 / 111

# 小班主题活动：闪闪的红星

## 一、主题说明

### （一）主题来源

在一次自由活动中，音乐播放器里响起了激昂、活泼的《红星歌》。有的幼儿不由自主地跟随着音乐踏步，有的幼儿则好奇地问："老师，这是什么歌？"于是，基于幼儿对《红星歌》的兴趣，我们给他们讲述了故事《闪闪的红星》。在欣赏故事的过程中，幼儿提出了很多问题，如："他们为什么要运盐？""用棉花怎么运盐？""如果去地主家运粮食的时候被发现了怎么办？""他们在山里是怎么躲开坏人追踪的？""为什么爸爸要把红星给冬子？"幼儿围绕这些问题开始了探索之旅。

### （二）设计意图

《闪闪的红星》中，潘冬子不仅打败了胡汉三，还巧妙地解决了运盐危机。他爱党爱国、足智多谋、临危不惧的品质值得幼儿去传承和发扬。围绕这三种品质，我们生成了"红星照我心""英勇智多星""红星小勇士"三个子主题，让幼儿通过直接感知、实际操作和亲身体验，进一步理解故事内容，探索"棉花运盐"的原理，同时初步培养其不怕困难、坚持不懈、挑战自我的意志品质。

### （三）价值分析

小班幼儿由于年龄小，解决问题能力有限，因此在面对困难时往往比较胆怯，不知所措，或者一遇到问题就退缩，很难坚持到底。本主题的开展有助于激励他们在遇到困难时能够像潘冬子一样不畏惧、不退缩、积极动脑解决问题。

## 二、主题目标

●身体发展

1. 能利用手臂的力量控制独轮车的方向和速度。
2. 发展手指的灵活性，初步学会使用安全小剪刀。
3. 发展身体平衡能力和动作的协调性，在游戏中能够灵活躲避。

●认知发展

1. 理解故事内容，能用简单的语言表达画面内容。
2. 懂得按顺序翻阅图书，观察潘冬子的表情，理解其心理变化。
3. 初步学会用简单的语言讲述"冬子运盐""传递情报""智斗胡汉三"等情节。
4. 学会唱歌曲《红星歌》，理解歌词内容。
5. 初步了解盐的溶解现象，懂得并不是所有的东西都能溶解在水里。
6. 能较清楚地讲述自己对溶解现象的理解。
7. 了解海绵柔软、有弹性、能吸水的特点。
8. 初步了解粮食的运输方式，感知不同运输方式的特点。

●社会性发展

1. 感受潘冬子对"红星"的向往，萌发对红军的敬爱之情。
2. 感受潘冬子的机智勇敢，萌发对潘冬子的喜爱之情。
3. 对溶解现象产生浓厚的兴趣，乐意参与操作探索，感受共同完成实验的快乐。
4. 乐于参与体育游戏，体验游戏的乐趣。
5. 对运用海陆空各种交通工具运粮的方式感兴趣。

## 三、主题网络图

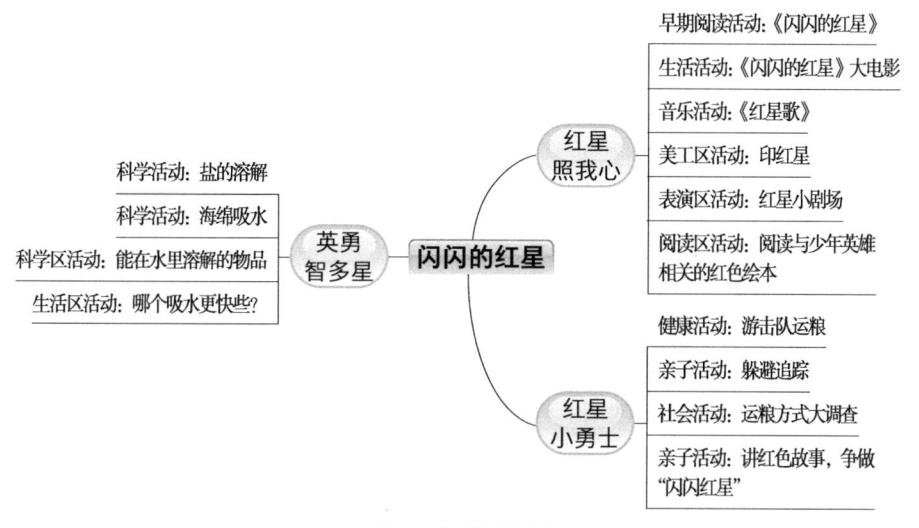

```
科学活动：盐的溶解
科学活动：海绵吸水                    早期阅读活动：《闪闪的红星》
科学区活动：能在水里溶解的物品          生活活动：《闪闪的红星》大电影
生活区活动：哪个吸水更快些？     红星   音乐活动：《红星歌》
                         英勇  照我心  美工区活动：印红星
                         智多星         表演区活动：红星小剧场
                              闪闪的红星  阅读区活动：阅读与少年英雄
                                        相关的红色绘本

                                        健康活动：游击队运粮
                                  红星   亲子活动：躲避追踪
                                  小勇士  社会活动：运粮方式大调查
                                        亲子活动：讲红色故事，争做
                                                "闪闪红星"
```

**图 1　主题网络图**

## 四、环境创设

### （一）班级整体环境创设

故事海报展示墙：绘本《闪闪的红星》，故事主要人物、精彩故事情节绘画作品或图片。

红色文化主题墙：展示红军军装照片、运粮用的竹筒、旧棉衣、儿童团的红袖章、红领带等。

调查海报展示墙：展示幼儿的"运粮方式调查表"，以及幼儿与家长一起查找的运输工具图片。

### （二）区域与材料投放

1.阅读区：阅读与少年英雄相关的红色绘本。

材料投放：《闪闪的红星》等相关红色主题绘本。

2.科学区：能在水里溶解的物品。

材料投放：量杯、水、实验记录单、多种实验材料（包括盐、糖、豆子、树枝、积木等）。

3.美工区：印红星。

材料投放：各种星形模具、纸、笔、颜料、颜料盘。

4. 生活区：哪个吸水更快些？

材料投放：托盘一个、量杯一个、水、实验记录单、各种吸水材料（抹布、海绵、棉花、纸巾等）。

5. 表演区：红星小剧场。

材料投放：《闪闪的红星》角色服装、道具。

## 五、家园共育

1. 家长与幼儿一起阅读绘本《闪闪的红星》，并说说故事的重要线索。

2. 家长进班讲红色故事。

3. 家长与幼儿通过网络、图书等资源查找现代运输粮食的各种方式，完成调查表。

## 六、主题活动计划表

表 1　主题活动计划表

| 周次 | 主题名称 | 目标 | 活动名称 | 活动形式 ||||
|---|---|---|---|---|---|---|---|
| | | | | 集体活动 | 区域活动 | 生活活动 | 亲子活动 |
| 第一周 | 红星照我心 | **身体发展：** 锻炼手指的灵活性，初步学会使用安全小剪刀。 **认知发展：** 1. 了解故事内容，能用简单的语言表达画面内容，知道潘冬子是如何帮助游击队的。 2. 懂得按顺序翻阅图书，观察潘冬子的表情，理解其心理变化。 3. 初步学会用简单的语言讲述"冬子运盐""传递情报""智斗胡汉三"等情节。 | 《闪闪的红星》（第一课时）（早期阅读） | ○ | | | |
| | | | 《闪闪的红星》（第二课时）（早期阅读） | ○ | | | |
| | | | 《红星歌》（音乐） | ○ | | | |
| | | | 《闪闪的红星》大电影 | | | ○ | |

（续上表）

| 周次 | 主题名称 | 目标 | 活动名称 | 活动形式 ||||
|---|---|---|---|---|---|---|---|
| | | | | 集体活动 | 区域活动 | 生活活动 | 亲子活动 |
| 第一周 | 红星照我心 | 4.学会唱歌曲《红星歌》，理解歌词内容。<br>5.提高音乐感知能力和表现力，用队列行进的方式进行扮演。<br>6.认识并能发现各种可以印出星星状图形的物品。<br>**社会性发展：**<br>1.感受潘冬子对"红星"的向往，萌发对红军的敬爱之情。<br>2.体会歌曲豪迈的风格，愿意与同伴一起体验音乐游戏的乐趣。<br>3.乐意参与表演绘本故事《闪闪的红星》。 | 印红星 | | 美工区 | | |
| | | | 红星小剧场 | | 表演区 | | |
| | | | 阅读与少年英雄相关的红色绘本 | | 阅读区 | | |
| 第二周 | 英勇智多星 | **身体发展：**<br>锻炼手部精细动作，提高手的动作的灵活性和协调性。<br>**认知发展：**<br>1.了解海绵柔软、有弹性、能吸水的特点，并能利用这一特点与同伴完成"运水"任务。<br>2.了解溶解的物理现象，能通过实验判断哪些物品可以溶解在水里，并将实验结果记录在实验记录单里。 | 盐的溶解（科学） | ○ | | | |
| | | | 海绵吸水（科学） | ○ | | | |

（续上表）

| 周次 | 主题名称 | 目标 | 活动名称 | 活动形式 ||||
|---|---|---|---|---|---|---|---|
| | | | | 集体活动 | 区域活动 | 生活活动 | 亲子活动 |
| 第二周 | 英勇智多星 | 3. 发现不同材料的吸水性不同，知道哪些材料吸水更快。<br>**社会性发展：**<br>1. 对溶解和吸水现象产生浓厚的兴趣，乐意参与操作探索。<br>2. 感受共同完成实验的快乐。 | 能在水里溶解的物品 | | 科学区 | | |
| | | | 哪个吸水更快些？ | | | 生活区 | |
| 第三周 | 红星小勇士 | **身体发展：**<br>1. 学会推小推车载物跑。<br>2. 能利用手臂的力量控制独轮车的方向和速度。<br>**认知发展：**<br>1. 初步了解粮食的运输方式，初步感知不同运输方式的特点。<br>2. 能够简单描述粮食的运输过程。<br>3. 了解军人的训练和生活以及现代军人为保卫国家做出的奉献。<br>**社会性发展：**<br>1. 乐于参与体育游戏，体验游戏的乐趣。<br>2. 对海陆空各种交通工具的运粮方式感兴趣。<br>3. 萌发崇敬军人、爱党爱国爱军的情感。 | 游击队运粮（健康） | ○ | | | |
| | | | 躲避追踪 | | | | ○ |
| | | | 运粮方式大调查（社会） | ○ | | | |
| | | | 讲红色故事，争做"闪闪红星" | | | | ○ |

## 七、主题活动设计

### （一）集体活动

#### 早期阅读活动:《闪闪的红星》(第一课时)

⭐ **活动目标**

1. 理解故事前半部分的内容，能用简单的语言表达画面内容。
2. 懂得按顺序翻阅图书，观察潘冬子的表情，理解心理变化。
3. 感受潘冬子对"红星"的向往，萌发对红军的敬爱之情。

🚩 **活动重点**

理解故事前半部分的内容，能用简单的语言表达画面内容。

🖊 **活动难点**

尝试观察潘冬子的表情，理解其心理变化。

🕊 **活动准备**

绘本（人手一本）、配乐故事《闪闪的红星》、一颗红星。

⭐ **活动过程**

1. 教师出示红星，导入绘本，引导幼儿观察封面。

提问：这是什么？（红星）封面上有谁？（潘冬子）他身上哪里有红星？（红军帽上有红星，这顶帽子对他来说十分珍贵）

导语：故事的名字叫作《闪闪的红星》，里面讲了潘冬子什么故事呢？

2. 幼儿自主阅读绘本前半部分（第1~13页），分享自己的发现。

提示：请小朋友自己阅读，看书时拇指和食指捏着书页一页一页翻，按顺序看看里面有谁、他们在做什么、发生了什么事情。看完了可以再看一次，或者和旁边的小伙伴说说自己看到了什么。

提问：图书看完了，谁来说说自己看到了什么？

3. 师生共同阅读绘本前半部分，理解故事内容。

教师提问：

扉页：这个小男孩的名字叫潘冬子，他为什么这么开心呢？

第1页：他怎么躺在地上呢？他的表情怎么样？

第2~3页：谁来帮助了他？（红军来了，惩治了恶霸）潘冬子手上拿着什么？看起来好威风。（红缨枪。潘冬子和小伙伴参加了儿童团，他们一起站岗、放哨、学习）

第4~5页：发生了什么事情？（红军战士在英勇作战，潘冬子的爸爸也是一位红军战士）

第6页：潘冬子的爸爸在跟潘冬子说什么？他拿什么给潘冬子？

第7页：潘冬子在想什么呢？他的心情怎么样？

第8~9页：红军走了，谁又来了？（坏蛋胡汉三）潘冬子和妈妈要去哪里？

第10页：潘冬子和妈妈在做什么？他的心情怎么样？

第11页：发生了什么事情？（潘冬子的妈妈英勇牺牲了）

第12~13页：妈妈牺牲了，潘冬子的心情怎么样？胡汉三这个坏蛋呢？（逃走了）

4.重点讨论，加深对"闪闪红星"的理解。

问：潘冬子为什么那么喜欢这颗"闪闪红星"？

5.完整讲述故事前半部分，帮助幼儿感知故事内容。

（1）欣赏配乐故事。

（2）小结：潘冬子十分喜爱这颗红星，因为他希望和爸爸一样成为一名英勇的红军战士。

（3）提问：潘冬子后来有没有成为红军战士呢？后面还会发生什么事情？汉奸胡汉三有没有得到惩罚呢？

引导幼儿猜测故事情节发展，也为第二课时埋下伏笔。

## 活动延伸

1.在阅读区投放绘本《闪闪的红星》，让幼儿自主阅读，加深对故事的印象和理解。

2.家园共育：幼儿在家与爸爸妈妈分享故事，学习角色的对话。

3.美工区：印红星。

## 活动建议

带领幼儿开展绘本阅读前，教师应先丰富幼儿相关的知识经验，尤其是要让幼儿对抗日战争的那一段历史有所了解。

## 早期阅读活动：《闪闪的红星》（第二课时）

⭐ **活动目标**

1. 理解故事后半部分内容，了解潘冬子帮助游击队的英勇事迹。
2. 初步学会用简单的语言讲述"冬子运盐""传递情报""智斗胡汉三"等情节。
3. 感受潘冬子的机智勇敢，萌发对潘冬子的喜爱之情。

🚩 **活动重点**

理解故事后半部分内容，了解潘冬子帮助游击队的英勇事迹。

🖊 **活动难点**

尝试用简单的语言讲述"冬子运盐""传递情报""智斗胡汉三"等情节。

🍃 **活动准备**

绘本（人手一本）、配乐故事《闪闪的红星》。

⭐ **活动过程**

1. 回顾故事的前半部分，激发继续阅读的兴趣。

导语：潘冬子跟着张队长回到游击队后，又会发生什么事情？

2. 幼儿自主阅读故事后半部分（第14～28页），分享自己的发现。

提示：请小朋友自己阅读，看书时拇指和食指捏着书页一页一页翻，按顺序翻看，看看潘冬子遇到了谁？他能战胜危险和困难吗？小小的他能为游击队做什么呢？

幼儿自主阅读，教师巡回指导，并邀请个别幼儿分享自己的发现。

3. 师生共同阅读绘本后半部分，理解故事内容。

教师提问：

第14～15页：又是谁来了？游击队遇到了什么困难？（缺少盐）潘冬子能帮忙吗？

第16～17页：潘冬子是怎么做的？

第18～19页：除了运盐，潘冬子还能为游击队做些什么呢？（传递情报）

第20～21页：看，潘冬子在做什么？（侦听情报）

第22页：游击队获得了情报，结果怎么样？

第 23 页：潘冬子在做什么？发现了谁？（发现了胡汉三）
第 24 页：得到情报的潘冬子是怎么做的？
第 25～26 页：发现胡汉三的潘冬子又是怎么做的？
第 27 页：大家为什么这么开心？
第 28 页：冬子好开心，他终于戴上红军帽，加入了革命队伍。
4. 重点讨论，加深对故事的理解。
讨论：你喜欢潘冬子吗？为什么？
5. 完整欣赏故事，帮助幼儿理解故事内容。
（1）欣赏配乐故事。
（2）小结：抗日战争时期，许许多多像潘冬子一样的小英雄，为了早日解放全中国，不怕牺牲，英勇奋斗。我们要珍惜现在来之不易的幸福生活，热爱祖国，学好本领，长大后把我们的国家建设得更加美丽、富强。

### 活动延伸

1. 在阅读区投放《闪闪的红星》绘本，让幼儿自主阅读，加深对故事的理解。
2. 家园共育：鼓励幼儿把故事讲给家长听，并与家长讨论、制作故事海报。
3. 表演区：表演绘本剧《闪闪的红星》。

### 活动建议

对于故事中出现的一些日常中较少见的特殊名词，可以让家长与幼儿一起查阅资料。

## 音乐活动：《红星歌》

### 活动目标

1. 学会唱歌曲《红星歌》，理解歌词内容。
2. 初步感受进行曲的节奏，提高音乐感知力和表现力。
3. 感受歌曲豪迈的风格，愿意与同伴一起体验音乐游戏的乐趣。

### 活动重点

学会唱歌曲《红星歌》，理解歌词内容。

### 🎺 活动难点

感受进行曲的节奏。

### 🕊 活动准备

电影《闪闪的红星》片段,《红星歌》音乐、乐谱。

### ⭐ 活动过程

1. 播放电影《闪闪的红星》片段,介绍主题歌《红星歌》,导入活动。

导语:战争岁月里,涌现出无数的少年英雄,电影《闪闪的红星》和绘本《闪闪的红星》讲述的都是潘冬子的故事。今天,我们要来学唱这部电影的主题歌《红星歌》。

2. 播放《红星歌》音乐,让幼儿感受歌曲的旋律和节奏,学唱歌曲。

(1) 播放歌曲《红星歌》,引导幼儿简单说说听到的歌词内容。

(2) 第二次播放《红星歌》,引导幼儿再次完整欣赏歌曲。

(3) 带领幼儿跟随钢琴伴奏学唱歌曲三遍。

(4) 第三次播放歌曲,引导幼儿一边跟唱音乐,一边用拍手、点头、踏步等动作,初步感受进行曲的节奏。

(5) 第四次播放歌曲,引导幼儿用行进的步伐做律动,再次感受进行曲的节奏,并尝试边唱边改变队形,一个跟着一个走,走成一个大圈。

(6) 第五次播放歌曲,引导幼儿完整跟唱,鼓励幼儿用响亮、有力的声音来表现音乐豪迈的风格。

3. 组织音乐游戏,帮助幼儿熟悉歌曲旋律和节奏。

(1) 游戏一"红星闪闪":幼儿手持红星随音乐舞动,音乐停止时,摆一个自己喜欢的造型。

(2) 游戏二"传递红星":幼儿随歌曲踏步行进围成一个圈,并依次传递红星。当音乐停止时,拿到红星的幼儿要拿着红星摆一个自己喜欢的造型。

### 🚩 活动延伸

1. 幼儿回家与爸爸妈妈一起演唱歌曲。
2. 在表演区中鼓励幼儿进行歌唱表演。

### 🎺 活动建议

可以使用图片、视频等直观的方式,向幼儿展示红星的样子以及与红星相关的故事场景,帮助幼儿更好地理解歌曲背景。

## 科学活动：盐的溶解

⭐ **活动目标**

1. 初步了解盐的溶解现象，懂得并不是所有的东西都能溶解在水里。
2. 能较清楚地讲述自己对溶解现象的理解。
3. 对溶解现象产生浓厚的兴趣，乐意参与操作探索。

⭐ **活动准备**

1. 物质准备：盐、细沙、清水、透明杯若干、筷子若干。
2. 知识准备：幼儿阅读过绘本《闪闪的红星》，对故事情节有一定了解；幼儿对盐（颜色、作用等）有初步的了解和认识。

⭐ **活动过程**

1. 回顾故事内容，激发幼儿探究兴趣。

提问：在《闪闪的红星》里面，冬子哥哥是如何给红军叔叔送盐的？（为了躲过敌人的搜查，他把盐变成盐水，然后用棉衣吸足盐水，最后穿上棉衣送过去，这样才不会被敌人发现。）那你们知道盐水是怎么制作出来的吗？

引导幼儿积极讨论。

2. 出示盐、清水、筷子和透明杯，引导幼儿自主探索进行实验"如何制作盐水"。

一开始幼儿不一定能懂得马上使用摇晃或搅拌等方法使盐溶解，此时应给予他们充足的时间进行观察、尝试、探索、交流、相互学习。

幼儿分享讲述制作盐水的过程。

提问：你们是怎么让盐溶化，从而制作出一杯盐水的？

小结：盐在水里会消失不见，是因为它溶化了，这种现象叫作"溶解"。

3. 拓展实验，发现并不是所有东西都可以溶解。

出示细沙，提问：老师这里有一些沙子，小朋友们猜一猜，沙子能像盐一样在水里溶解吗？（幼儿自由猜测）

幼儿重复以上的实验，教师提醒幼儿边操作边观察。

幼儿分享讲述自己在这次操作中的发现。

4. 师幼共同总结两个实验结果的不同点。

小结：溶解是我们生活当中常见又有趣的一种现象，有的东西会溶解（像盐），也有的东西不会溶解（像沙子）。

## 活动延伸

1. 请幼儿回家向爸爸妈妈讲述当天溶解实验的过程与结果。
2. 在科学区投放盐和不同水温的水（冷水、温水、冰水等），供幼儿进一步探索溶解现象（温度会影响溶解的速度）。

## 活动建议

活动后鼓励家长与幼儿在家中继续进行有关溶解的小实验，探索哪些东西会溶解、哪些东西不会溶解、哪些因素会影响溶解的速度，并把自己的探索结果与老师或小伙伴分享。

### 科学活动：海绵吸水

## 活动目标

1. 了解海绵柔软、有弹性、能吸水的特点。
2. 能利用海绵吸水的特点与同伴完成"运水"任务。
3. 感受共同完成实验的快乐。

## 活动准备

海绵若干、水、透明杯若干、空盆和装了水的盆（每组各一个）。

## 活动过程

1. 谜语导入，引出主题。

教师说出谜面：摸起来软软的，捏下去扁扁的，松开手变回来。这是什么？（海绵）

2. 多种感官感知海绵的外部特点。

教师出示海绵，幼儿观察并自由探索海绵的外部特性。

师：摸一摸，粗粗的；捏一捏，软软的；闻一闻，没味道；压一压，变扁了，松开手又弹回来；看一看，上面有许多的小洞洞……

小结：这种可爱好玩的东西就是海绵，它是软软的，有弹性的。

3. 第一次实验，感知海绵吸水的特性。

教师介绍实验材料和方法，引导幼儿动手操作实验和观察。

实验方法：将少许水倒入透明杯，再把海绵放进去，观察海绵与水的变化。

提问：水去哪里了？为什么水不见了？

小结：水被海绵吸走了。海绵有一个很特别的本领，它能吸水，因为它身上有一个个小洞洞。

4. 第二次实验，感受海绵吸水性的作用。

教师出示空盆和装了水的盆，幼儿进行实验。

讨论：有什么办法能把水从这个盆转移到另一个盆里？不可以用手直接将水倒入空盆，但每个人手上只有海绵，你们觉得该怎样做呢？

幼儿分小组尝试合作操作，教师观察指导。

小结：将海绵放入装着水的盆中，吸足水后拿出来，再放到空盆中，用手挤出水。反复操作，水就转移到另一个盆里了。海绵的本领真大！

5. 讨论拓展。

师：海绵会吸水的本领在日常生活中有许多用途，你们知道有哪些吗？（海绵拖把、海绵百洁布等）

### 活动延伸

寻找生活中能吸水的物品：鼓励幼儿回家后寻找生活中其他具有吸水性的物品，如毛巾、纸巾等，并带来活动室，将其投放到生活区中。

### 活动建议

小班幼儿要进行合作是有一定难度的。本活动所提供的合作环节相对简单，教师在教学过程中根据实际情况进行分组，建议每组人数控制在3~4人。

## 健康活动：游击队运粮

### 活动目标

1. 学会推小推车载物跑。
2. 能利用手臂的力量控制独轮小推车的方向和速度。
3. 乐于参与体育游戏，体验游戏的乐趣。

### 活动准备

沙包（粮食）若干、独轮小推车若干。

★ **活动过程**

1. 开始部分。

热身运动：幼儿在教师的带领下听音乐做准备活动，围绕操场跑步，活动上肢、下肢，重点活动手腕与脚腕。

2. 基本部分。

（1）探索阶段：好玩的小推车。

教师：孩子们，在故事《闪闪的红星》里，游击队缴获了一车粮食，需要马上运送到山里去，想让我们来帮忙。我们要用这些推车来运送粮食，你们先试试怎样推才能稳当不倒。

幼儿在场地上自选独轮小推车，尝试练习推车。

教师引导幼儿练习推小推车，重点指导幼儿利用手臂的力量控制推车的方向和速度。

（2）学习阶段：小推车运"粮食"。

教师：场地那边有许多的"粮食"，请小朋友先帮忙运到这边的"山脚下"吧！

鼓励幼儿积极尝试，看谁推得最稳，使货物不会掉下来。教师观察幼儿推车的动作，帮助幼儿发现平稳推车的方法，并进行指导。（保持车子平衡、车身不倾斜）

请掌握技巧的幼儿出来示范，鼓励其他幼儿学习并尝试同伴的方法。（车子里的"粮食"不能堆放在一边，两边摆放要平均，车子才不会侧翻，先求稳再求快）

（3）提升阶段：接力运粮。

教师：现在，我们要接力把"山脚下"的"粮食"运送上山，看看哪组运送得又快又稳。

游戏：接力运粮。

规则：幼儿分成四组，采用接力的形式，用小推车把放在起跑线上的"粮食"运到对面指定位置后，将空车推回，交给本组的第二名幼儿，游戏继续，直至全组幼儿都参与游戏。"粮食"运得多的小组获胜。

鼓励幼儿互相合作，能力强的多装些，为同组队员分担压力。

小结：表扬推车平稳、遵守游戏规则、安全运粮的幼儿。

3. 结束部分。

放松活动：在音乐声中做放松操，重点放松手腕、手臂、肩膀，缓解肌肉疲劳。

🚩 **活动延伸**

将此活动增加到日常户外体育活动内容中，待幼儿较熟练使用小推车运送沙包后，可增加难度，把沙包换成小球。

📝 **活动建议**

一开始幼儿还没有掌握技巧时，车子容易侧翻，这时不要急着进入"运粮"环节，多给幼儿练习推着空车走的时间。可以设计一些小游戏吸引幼儿练习。例如以接龙游戏的形式引导幼儿推车绕着场地一个跟着一个走等。待幼儿逐渐掌握技巧并能保持车身平衡后，再由少到多地往车里适量增加"粮食"。

## 社会活动：运粮方式大调查

⭐ **活动目标**

1. 知道粮食是通过各种交通工具进行运输的，初步感知不同运输方式的特点。
2. 能够简单描述粮食的运输过程。
3. 对海陆空各种交通工具的运粮方式感兴趣。

⭐ **活动准备**

1. 请家长与幼儿合作完成"运粮方式调查表"（见附件）并带回园。
2. 课件"各种各样的粮食运输交通工具"。
3. 绘本《闪闪的红星》中运粮的图片。

⭐ **活动过程**

1. 出示绘本《闪闪的红星》中运粮的图片，引发"运粮"话题。
提问：图中人们是用什么方式运粮的？（用背篓背、用马车运）
2. 分享调查表，让幼儿知道粮食是由各种交通工具运送过来的。
（1）鼓励幼儿和同伴分享自己的调查结果。
你是和谁一起做调查的？（爸爸、妈妈）用什么方法调查？（看书、查电脑、看电视……）你查到运送粮食时会用到什么交通工具呢？（飞机、火车、轮船、汽车……）
（2）教师提问引导，帮助幼儿了解粮食的运输过程，初步感知不同运输方式的特点。

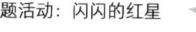

提问：你调查到哪种工具运送得多？（轮船、火车）

哪种工具运送得快？（飞机）

距离远要用哪种工具运送合适？（飞机、轮船）

遇到容易腐烂的粮食要用什么工具来运送？（带冷冻仓的）

机场离我们比较远，哪种工具可以帮忙送到家？轮船是在海里航行的，粮食送上岸了怎么办？城市里没有铁轨，火车运送的粮食怎么送到我们家？（由各种车子如大货车、小汽车、摩托车、自行车等接力分装运送）

小结：过去科技不发达，搬运粮食不仅费力费时，而且很难保持粮食的新鲜。现在我们祖国强大了，科技迅猛发展，人们用轮船、火车、飞机、汽车等交通工具把粮食运到世界各地，送到千家万户。

3. 播放课件，认识海、陆、空三种运输方式。

教师根据幼儿发言，在白板上同步出示事先准备好的各种常见交通工具图片。

提问：这些交通工具，有的是在天上飞的，有的是在海里开的，有的是在地上跑的，请小朋友帮忙来分一分。（请幼儿上台操作，拖动图片进行分类）

小结：我们是通过海、陆、空三种运送方式运送粮食的，有了这些海、陆、空交通工具的帮忙，我们就能吃上新鲜的粮食啦！

▶ 活动延伸

请家长利用假期带孩子参观附近的交通枢纽，如机场、火车站等，亲身感受各种交通工具。

▶ 活动建议

生活中，教师可以组织幼儿开展关于交通工具的讨论，丰富相关经验。

附件：

表2　运粮方式调查表

| 项目 | 宝宝画 | | | 家长记 |
|---|---|---|---|---|
| 运送方式 | 1. | 2. | 3. | 1. |
| | | | | 2. |
| | | | | 3. |

（续上表）

| 项目 | 宝宝画 | | | 家长记 |
|---|---|---|---|---|
| 运送内容 | 1. | 2. | 3. | 1. |
| | | | | 2. |
| | | | | 3. |

## （二）区域活动

表3  区域活动

| 区域 | 活动内容 |
|---|---|
| 美工区 | **活动：印红星**<br>**主要经验**<br>　认识星星图形，并能发现各种可以印出星星状图形的物品，能均匀蘸取颜料，待印好风干后用安全小剪刀将星星状图形剪出。<br>**活动准备**<br>　1. 安全小剪刀、红色颜料盘、绘画纸。<br>　2. 对半切的杨桃、星星状底面的糖罐等。<br>**观察与指导重点**<br>　1. 引导和鼓励幼儿在活动室中寻找可以印出星星状图形的物品，并尝试验证其是否能印出星星状图形。<br>　2. 引导幼儿在蘸取颜料时尽量均匀蘸取，待图形风干后才能剪出。<br>　3. 交代使用安全小剪刀的注意事项，引导幼儿沿着轮廓剪出图形。 |
| 表演区 | **活动：红星小剧场**<br>**主要经验**<br>　1. 熟悉故事内容，乐意参与绘本故事《闪闪的红星》的表演。<br>　2. 知道自己扮演的角色和上台的顺序，尝试创编对话动作。<br>　3. 能够在教师的引导下，与同伴协商、合作进行表演，能帮忙分类、整理道具。<br>**活动准备**<br>　红星、红军帽等道具以及音乐。<br>**观察与指导要点**<br>　1. 与幼儿一同回顾故事内容，梳理故事情节和人物形象，帮助幼儿了解自己的角色特点和出场顺序。 |

（续上表）

| 区域 | 活动内容 |
|---|---|
| 表演区 | 2. 引导幼儿与同伴协商分配角色和道具，合作表演。<br>3. 引导幼儿根据故事《闪闪的红星》情节创编对话和动作。<br>4. 鼓励幼儿大胆随音乐舞动，通过肢体摆动来表现对音乐的感受。<br>5. 提醒幼儿遵守表演规则。 |
| 阅读区 | **活动：阅读与少年英雄相关的红色绘本**<br>**主要经验**<br>阅读《闪闪的红星》《小英雄王二小》等与少年英雄相关的红色绘本，感受抗战时期少年英雄们的机智、勇敢和不怕牺牲的精神。<br>**活动准备**<br>《闪闪的红星》《小英雄王二小》等与少年英雄相关的红色绘本。<br>**观察与指导重点**<br>1. 引导幼儿仔细观察画面，并能够根据连续画面提供的信息，大胆地说说故事的主要情节。<br>2. 鼓励幼儿与同伴一起阅读，并愿意分享自己在阅读中的发现和想法。 |
| 科学区 | **活动：能在水里溶解的物品**<br>**主要经验**<br>了解溶解的物理现象，能通过实验判断哪些物品可以溶解在水里，并将实验结果记录在实验记录单里。<br>**活动准备**<br>1. 经验准备：幼儿已了解"溶解"的物理现象。<br>2. 物质准备：量杯，小棒，水，盐、糖、豆子、玻璃珠、积木等各种材质的物品，实验记录单，笔。<br>**观察与指导重点**<br>1. 引导幼儿观察、认识和操作实验材料，大胆猜测哪些物品能在水里溶解，并在实验记录单上记录自己的猜测。<br>2. 引导幼儿分别将不同的实验材料放入水中，观察材料是否出现溶解的现象，并在实验记录单上记录实验结果，能溶解则打"√"。<br>3. 鼓励幼儿在完成实验后，展示自己的实验记录单，与同伴分享交流自己的实验过程和结果。 |
| 生活区 | **活动：哪个吸水更快些？**<br>**主要经验**<br>发现不同材料的吸水性不同，知道哪些材料吸水更快。<br>**活动准备**<br>1. 经验准备：幼儿对"吸水"这一物理现象有初步的认识，能分辨哪些物品能吸水。 |

（续上表）

| 区域 | 活动内容 |
|---|---|
| 生活区 | 2. 物质准备：托盘、量杯、水、各种吸水材料（包括棉花、海绵、棉布、纸巾、报纸等）。<br>**观察与指导重点**<br>1. 引导幼儿围绕问题"洒水了怎么办"开展讨论，鼓励幼儿讲述哪些物品能快速吸水。<br>2. 引导幼儿观察和认识区角中提供的几种材料，并大胆猜测哪种材料能吸水以及哪种材料吸水速度更快一些。<br>3. 鼓励幼儿每次往托盘中倒入等量的水，用所提供的几种材料进行尝试，看看哪种材料吸水更快一点，并把自己的发现告诉小伙伴。 |

## （三）生活活动

### 《闪闪的红星》大电影

⭐ **主要经验**

通过观看电影《闪闪的红星》，加深对故事的理解，更直观地感受潘冬子、冬子妈妈、红军战士和村民们面对地主等的迫害时不怕牺牲、英勇战斗的精神，以及潘冬子运用棉花送盐的机智和勇敢。

🚩 **组织与指导要点**

结合日常谈话活动，引导幼儿观看电影中的重要情节（包括情节一"冬子爸爸送给潘冬子一颗闪闪的红星"、情节二"冬子妈妈带着潘冬子在山里躲避胡汉三和还乡团的追踪"、情节三"潘冬子如何巧用棉花送盐等"），鼓励幼儿说说自己看到的内容，帮助幼儿理解影片内容。

## （四）亲子活动

### 躲避追踪

⭐ **活动目标**

1. 掌握"躲避追踪"的方法，发展身体平衡能力和动作的协调性。
2. 能与家长合作，尝试利用各种材料搭建稳固的"掩体"，并大胆分享游戏经验。

3.感受游戏紧张、快乐的氛围，体验亲子合作游戏的乐趣。

## 活动准备

1.经验准备：幼儿熟悉绘本中冬子妈妈带着潘冬子在山里躲避胡汉三和还乡团的追踪的情节。

2.物质准备：各种型号的纸箱、大型立体积塑、打地鼠的橡皮棒、蓝队红队分组臂章。

## 活动过程

1.开始部分。

（1）重温绘本中冬子妈妈带着潘冬子在山里躲避胡汉三和还乡团追踪的故事情节，向家长和幼儿说明本次游戏活动的内容、任务和游戏规则。

（2）带家长和幼儿一起做准备运动：听《红星歌》做小兵操，活动身体各关节。

2.基本部分。

（1）全体家长和幼儿自由分成红、蓝两队，并选出队长，戴好分组臂章，每队利用提供的物品合作搭建"掩体"。

（2）第一轮游戏，红队派出"追捕者"，手持橡皮棒追捕蓝队队员；蓝队扮演"躲避者"，要在搭建好的"掩体"间来回躲避，不能在同一个"掩体"后方长时间躲避，当"追捕者"来到附近时要赶紧逃到下一个"掩体"后面。被橡皮棒打中的"躲避者"表示被抓到，退出游戏。

（3）第一轮游戏后，中场休息，由双方队员说说自己在游戏中的体验，讨论是否有需要改进的地方，比如搭建的"掩体"是否合理有效，自己在躲避和追踪的过程中需要注意什么才不会被抓到，或能更快地抓到对方。

（4）两队各自商量对策，调整"掩体"。

（5）第二轮游戏，互换角色，蓝队派出"追捕者"，红队扮演"躲避者"，再次进行游戏。

（6）第二轮游戏结束后，双方队员说说经过第一轮的调整，游戏的体验感是否更强，哪里还需要再进行调整。

（7）打乱分组，重新组队和选出新的队长，调整分组臂章后开始新一轮的游戏。

3.结束部分。

播放歌曲《映山红》，随着轻柔的音乐做放松动作，结束活动。

### 活动建议

活动中用于做"掩体"的材料要确保安全稳固，以免倒塌造成危险。在日常户外体育游戏中，可引导幼儿自行组队玩游戏，进一步发展身体平衡能力和动作的协调性。

## 讲红色故事，争做"闪闪红星"

### 活动目标

1. 了解军人的训练和生活以及现代军人为保卫国家做出的贡献。
2. 能够认真倾听从军家长的讲述，并大胆与从军家长互动。
3. 萌发对军人的崇敬和爱军爱国之情。

### 活动准备

经验准备：幼儿提前准备与从军家长互动的问题。

物质准备：从军家长事先准备好的PPT，幼儿园准备的大红花、鲜花。

### 活动过程

1. 教师邀请从军家长入班，向幼儿介绍本次活动主题。

导入：在战争年代，解放军叔叔为了战争胜利奉献了自己的青春和生命；在和平年代，解放军叔叔为了我们的幸福生活也坚守在保卫祖国的岗位上。今天我们就请来了×××家长为我们讲讲军人的训练、生活和工作。

2. 从军家长根据事先准备好的PPT为幼儿讲述军人的训练、生活和工作。

3. 幼儿提问，与从军家长互动。

4. 幼儿为从军家长戴上大红花，献上鲜花，表示对军人的敬意。

### 活动延伸

请家长利用假期带孩子参观本市红色教育基地。

### 活动建议

活动前事先与从军家长做好沟通工作，建议其可以结合幼儿的年龄特点，利用图片或视频等直观的方式呈现讲解的内容，帮助幼儿理解。

## 八、主题评价

本主题围绕绘本《闪闪的红星》展开。绘本画面生动，潘冬子斗地主、冬子爸爸传递红星和潘冬子棉花送盐的故事情节引发了幼儿浓厚的兴趣，它展现了革命战争时期人民伟大的智慧和力量，是红色精神的典型体现。在这个主题中，我们结合幼儿的年龄特点和学习方式，通过"红星照我心""英勇智多星""红星小勇士"三个子主题让幼儿一步步深入探究，在阅读绘本、影视欣赏和科学实验过程中了解当时人们的艰难，感受潘冬子面对残暴的敌人时表现出来的勇敢和机智。除此之外，在整个过程中，我们还整合家庭和社区资源，让从军家长走进幼儿园，为幼儿讲述现代军人的工作和生活，通过亲子游戏让家长和孩子一起感受抗战中人们的智慧和英勇斗争精神。

本主题活动目标达成情况可用检核表（见表4）进行评价。

表4 主题活动"闪闪的红星"检核表（3~4岁）

| 序号 | 目标 | 评价内容 | 幼儿发展 ▗ | ▗▗ | ▗▗▗ |
|---|---|---|---|---|---|
| 一 | 身体发展目标 | 1. 能利用手臂的力量控制独轮车的方向和速度。 | | | |
| | | 2. 发展手指的灵活性，初步学会使用安全小剪刀。 | | | |
| | | 3. 发展身体平衡能力和动作的协调性，在游戏中能够灵活躲避。 | | | |
| 二 | 认知发展目标 | 1. 理解故事内容，能用简单的语言表达画面内容。 | | | |
| | | 2. 懂得按顺序翻阅图书，观察潘冬子的表情，理解心理变化。 | | | |
| | | 3. 初步学会用简单的语言讲述"冬子运盐""传递情报""智斗胡汉三"等情节。 | | | |
| | | 4. 学会唱歌曲《红星歌》，理解歌词内容。 | | | |
| | | 5. 初步了解盐的溶解现象，懂得并不是所有的东西都能溶解在水里。 | | | |

（续上表）

| 序号 | 目标 | 评价内容 | 幼儿发展 ▗ ▗▗ ▗▗▗ |
|---|---|---|---|
| 二 | 认知发展目标 | 6.能较清楚地讲述自己对溶解现象的理解。 | |
| | | 7.了解海绵柔软、有弹性、能吸水的特点。 | |
| | | 8.初步了解粮食的运输方式，感知不同运输方式的特点。 | |
| 三 | 情感发展目标 | 1.感受潘冬子对"红星"的向往，萌发对红军的敬爱之情。 | |
| | | 2.感受潘冬子的机智勇敢，萌发对潘冬子的喜爱之情。 | |
| | | 3.对溶解现象产生浓厚的兴趣，乐意参与操作探索，感受共同完成实验的快乐。 | |
| | | 4.乐于参与体育游戏，体验游戏的乐趣。 | |
| | | 5.对运用海陆空各种交通工具运粮的方式感兴趣。 | |
| 评价补充 | | | |

## 九、主题资源

1. 电影《闪闪的红星》。
2. 歌曲《红星歌》。
3. 绘本《闪闪的红星》。
4. 动画电影《闪闪的红星》。

# 小班主题活动：向着国旗敬个礼

## 一、主题说明

### （一）主题来源

五星红旗是中国的标志与象征。在世界的任何地方，只要看到五星红旗迎风飘扬，就仿佛看到了我们的祖国，看到了我们的家乡。当我们和幼儿分享爱国主义绘本《我爱五星红旗》时，书中调皮可爱的小男孩跳跳从对国旗"满不在乎"到"视如珍宝"的态度转变引起了幼儿的关注。与此同时，他们也对国旗萌发了浓厚的学习兴趣："我们的国旗为什么是红红的？""国旗上有几颗星星？""为什么有的星星大，有的星星小？""什么时候要升国旗？""升旗时为什么不能说笑？"等等。为了解答幼儿的疑惑，我们以国旗为主线生成了"向着国旗敬个礼"这个主题。

### （二）设计意图

本主题以"五星红旗"为核心，衍生了"童心认国旗""童心颂国旗""童心敬国旗"三个层层递进、情感渐渐升华的子主题活动，通过细致观察、对比辨认、游戏等浸润式、体验式的活动方式，让幼儿在生活和游戏中认识国旗、学唱国歌，了解升旗礼仪，从而懂得要尊重国旗、爱护国旗，萌发爱党爱国爱家的情感。

### （三）价值分析

五星红旗是我国的国旗，是中国的象征，因此开展这个主题对激发幼儿爱国之情具有重要的意义。幼儿园是孩子们接受教育的最初阶段。《3—6岁儿童学习与发展指南》中小班幼儿社会发展目标是："3～4岁幼儿要学会认识国旗，知道国歌。"可见，用幼儿喜闻乐见和能够理解的方式引导幼儿了解国旗和国歌，激发其爱家乡、爱祖国的情感是至关重要的。本活动旨在通过丰富多彩的形式向幼儿介绍国旗、国歌以及参加升旗仪式的礼仪，让幼儿学会爱国旗、敬国旗，传承爱国主义精神。

## 二、主题目标

### ●身体发展

1. 发展身体的协调能力和耐力。
2. 能手膝着地爬行、支撑身体前移钻过障碍物。
3. 发展手部精细动作，学会使用画笔、胶棒等美工材料。
4. 能主动参加体育活动，并注意活动中的安全。

### ●认知发展

1. 知道五星红旗是我们的国旗，是国家的标志和象征。
2. 了解五星红旗的形状、颜色及旗面上的图案等特征。
3. 了解汕头第一面五星红旗升起的时间、地点及意义。
4. 学会朗诵儿歌《国旗红》，理解儿歌内容。
5. 能识别和拓展 ABB 模式。
6. 知道风能使旗帜飘扬，初步感知风的强弱与旗帜飘扬幅度的关系。
7. 学会唱《国旗国旗红红的哩》，理解歌词内容。
8. 知道《义勇军进行曲》是我国的国歌。

### ●社会性发展

1. 懂得爱护国旗，尊重国旗，萌发对五星红旗的热爱之情。
2. 懂得升旗的礼仪，并能在生活中做到。
3. 感受生活的美好，为自己是中国人而感到骄傲自豪。
4. 初步感受汕头红色文化的博大精深和源远流长，萌发爱家乡的情感。

## 三、主题网络图

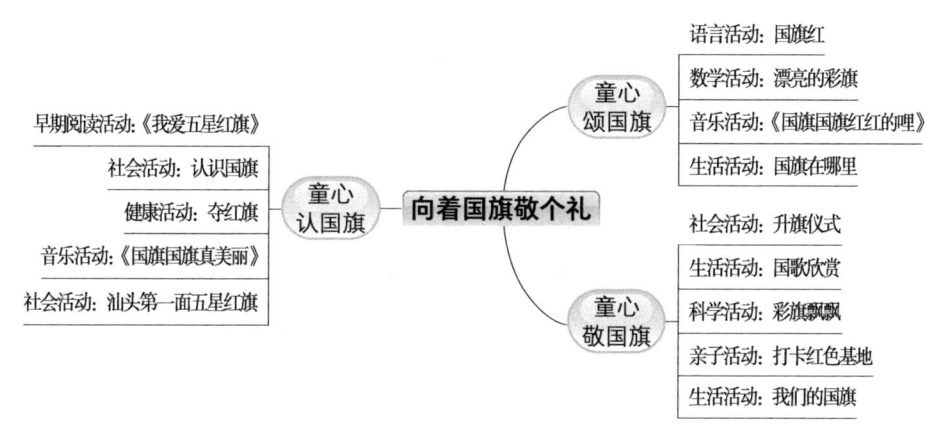

图1 主题网络图

**主题网络图内容：**

向着国旗敬个礼
- 童心认国旗
  - 早期阅读活动：《我爱五星红旗》
  - 社会活动：认识国旗
  - 健康活动：夺红旗
  - 音乐活动：《国旗国旗真美丽》
  - 社会活动：汕头第一面五星红旗
- 童心颂国旗
  - 语言活动：国旗红
  - 数学活动：漂亮的彩旗
  - 音乐活动：《国旗国旗红红的哩》
  - 生活活动：国旗在哪里
- 童心敬国旗
  - 社会活动：升旗仪式
  - 生活活动：国歌欣赏
  - 科学活动：彩旗飘飘
  - 亲子活动：打卡红色基地
  - 生活活动：我们的国旗

## 四、环境创设

### （一）班级整体环境创设

1. 红色文化主题墙：展示与五星红旗有关的场景图片，如幼儿园升旗仪式、天安门广场升旗仪式、奥运赛场升旗仪式等。

2. "我和国旗合个影"展示墙：展示幼儿和国旗合影留念照片。

3. "你会认吗"展示墙：展示各国国旗供幼儿观察，辨认中国国旗。

4. 多彩的旗帜展示墙：展示幼儿用多种材料装饰的彩旗。

5. 打卡红色基地照片展示墙：展示幼儿与家长共同打卡的红色基地照片，供幼儿自由交流讲述。

6. 打卡红色基地小书展示墙：展示亲子共同完成的"打卡红色基地小书"或"故事海报"，供幼儿自由交流讲述。

### （二）区域与材料投放

1. 阅读区：投放与国旗相关的绘本，如《我爱五星红旗》等。

2. 语言区：投放《国旗红》等儿歌音频，指偶、手偶等。

3. 益智区：投放各国国旗图片。

4. 数学区。

（1）活动一：彩旗分一分。

材料投放：每种颜色和形状的旗各10面、每种颜色和形状的标志挂牌若干、笔筒4个。

（2）活动二：彩旗排排队。

材料投放：每种颜色和形状的旗各10面、模式卡片若干。

5. 美工区：投放不同颜色的长方形纸、吸管（粘上双面胶）、不同颜色和图案的碎纸、纸条、胶棒、油画棒，供幼儿制作彩旗、挂饰等。

6. 科学区：投放不同颜色的旗帜2~3面、扇子、小型电动风扇等。

7. 表演区：投放小彩旗、红星灯、小红旗，供幼儿表演。

## 五、家园共育

1. 请家长在节假日带幼儿去汕头第一面五星红旗升起的地方打卡、拍照留念，并发给教师，以便和幼儿园小朋友一起分享。

2. 家长与幼儿利用节假日打卡祖国大好河山，感受节日气氛，寻找各处国旗飘扬的场景。

3. 家长与幼儿在家共同搜索红歌，鼓励借助彩旗等道具随着音乐自由表现。

4. 家长带领幼儿探访汕头红色教育基地并拍照，并引导幼儿通过绘画、讲述等形式表达自己参观后的想法和体验，形成打卡记录单，并将打卡、绘画或讲述精彩瞬间的照片和视频发到班群分享。

## 六、主题活动计划表

表1 主题活动计划表

| 周次 | 主题名称 | 目标 | 活动名称 | 活动形式 ||||
|---|---|---|---|---|---|---|---|
| | | | | 集体活动 | 区域活动 | 生活活动 | 亲子活动 |
| 第一周 | 童心认国旗 | 身体发展：<br>1. 能手膝着地爬行、支撑身体前移钻过障碍物。<br>2. 发展身体的协调能力和耐力。 | 《我爱五星红旗》（早期阅读） | ○ | | | |

（续上表）

| 周次 | 主题名称 | 目标 | 活动名称 | 活动形式 ||||
|---|---|---|---|---|---|---|---|
| | | | | 集体活动 | 区域活动 | 生活活动 | 亲子活动 |
| 第一周 | 童心认国旗 | **认知发展：**<br>1. 理解故事内容，知道五星红旗是我们的国旗，是国家的标志和象征。<br>2. 了解五星红旗的形状、颜色及旗面上的图案等特征。<br>3. 熟悉歌词内容和旋律，学会唱歌曲《国旗国旗真美丽》。<br>4. 了解汕头第一面五星红旗升起的时间、地点及意义。<br>**社会性发展：**<br>1. 懂得爱护国旗，尊重国旗，萌发对五星红旗的热爱之情。<br>2. 为自己是中国人而感到骄傲自豪。<br>3. 感受中华人民共和国成立前后汕头人民生活的变化，懂得珍惜现在的幸福生活。<br>4. 能够遵守游戏规则，体验与同伴合作游戏的乐趣，初步萌发集体荣誉感。 | 认识国旗（社会） | ○ | | | |
| | | | 夺红旗（健康） | ○ | | | |
| | | | 《国旗国旗真美丽》（音乐） | ○ | | | |
| | | | 汕头第一面五星红旗（社会） | ○ | | | |
| | | | 阅读绘本《我爱五星红旗》 | | 阅读区 | | |
| | | | 我会认国旗 | | 益智区 | | |
| 第二周 | 童心颂国旗 | **身体发展：**<br>1. 发展动作的灵活性及身体协调能力。<br>2. 发展手部精细动作，学会使用画笔、胶棒等美工材料。 | 国旗红（语言） | ○ | | | |
| | | | 漂亮的彩旗（数学） | ○ | | | |

（续上表）

| 周次 | 主题名称 | 目标 | 活动名称 | 活动形式 ||||
|---|---|---|---|---|---|---|---|
| | | | | 集体活动 | 区域活动 | 生活活动 | 亲子活动 |
| 第二周 | 童心颂国旗 | **认知发展：**<br>1.理解和熟悉儿歌内容，学会朗诵儿歌《国旗红》，感受问答式儿歌的特点。<br>2.能识别和拓展ABB模式。<br>3.熟悉歌词和旋律，学会唱歌曲《国旗国旗红红的哩》。<br>**社会性发展：**<br>1.理解儿歌和歌曲表达的情感，为自己身为中国人而感到自豪。<br>2.体验动手操作的乐趣，感知数学活动中有序排列的规律美。 | 《国旗国旗红红的哩》（音乐） | ○ | | | |
| | | | 国旗在哪里 | | | ○ | |
| | | | 我会念儿歌 | | 语言区 | | |
| | | | 彩旗分一分 | | 数学区 | | |
| | | | 制作旗帜 | | 美工区 | | |
| | | | 小小红歌会 | | 表演区 | | |
| 第三周 | 童心敬国旗 | **身体发展：**<br>发展手部精细动作，学会使用数学和科学操作材料进行研究。<br>**认知发展：**<br>1.了解升旗的意义以及哪些场合会举行升旗仪式。<br>2.了解《义勇军进行曲》的创作背景以及歌词内容。<br>3.知道风能使旗帜飘扬起来，初步感知风的强弱与旗帜飘扬幅度的关系。<br>4.了解汕头红色文化。 | 升旗仪式（社会） | ○ | | | |
| | | | 国歌欣赏 | | | ○ | |
| | | | 彩旗飘飘（科学） | ○ | | | |
| | | | 打卡红色基地 | | | | ○ |

（续上表）

| 周次 | 主题名称 | 目标 | 活动名称 | 活动形式 ||||
| --- | --- | --- | --- | --- | --- | --- | --- |
| | | | | 集体活动 | 区域活动 | 生活活动 | 亲子活动 |
| 第三周 | 童心敬国旗 | 社会性发展：<br>1. 懂得参加升旗仪式要严肃认真，保持立正、站好、行注目礼。<br>2. 萌发争当小小升旗手的愿望。<br>3. 感受国歌的庄严，体会歌曲表达的爱国情感。<br>4. 初步感知汕头红色文化的博大精深和源远流长，萌发爱家乡的情感。 | 我们的国旗 | | | ○ | |
| | | | 我爱五星红旗 | | 表演区 | | |
| | | | 彩旗排排队 | | 数学区 | | |
| | | | 彩旗飘起来 | | 科学区 | | |

# 七、主题活动设计

## （一）集体活动

### 早期阅读活动：《我爱五星红旗》

★ 活动目标

1. 理解故事内容，知道五星红旗是我们的国旗，是国家的标志和象征。
2. 感受故事角色跳跳从对国旗"满不在乎"到"视如珍宝"的态度转变。
3. 懂得爱护国旗，尊重国旗。

▶ 活动重点

理解故事内容，知道五星红旗是我们的国旗，是国家的标志和象征。

✎ 活动难点

感受故事角色跳跳从对国旗"满不在乎"到"视如珍宝"的态度转变。

### 活动准备

1. 物质准备：绘本《我爱五星红旗》、课件、五星红旗一面。
2. 经验准备：参加过升旗仪式，见过五星红旗。

### 活动过程

1. 引导幼儿观察封面，帮助幼儿捕捉重要信息。

提问：封面上有什么？你在哪里见过它？（小结：它是五星红旗，是中国的国旗）

提问：故事的名字叫《我爱五星红旗》，里面讲了什么感人的故事呢？

2. 幼儿自主阅读，分享自己的发现。

教师：请小朋友自己阅读，看书时拇指和食指捏着书页一页一页翻，按顺序看看里面有谁、他们在做什么、发生了什么事情。看完后可以再看一次，或者和旁边的小伙伴说说你看到了什么。

根据教师的提问，幼儿尝试自己从头到尾翻书阅读每一个页面，学着观察画面中的人物和体会故事情节。

教师：图书看完了，谁来说说自己看到了什么？

请个别幼儿讲述。

3. 师生共阅绘本，理解故事内容。

第一部分：爱闹的跳跳（观察第1~2页）

提问：这是谁？他在干什么？（观察撒了一地的米饭、满地的碎纸片，尝试理解"天翻地覆"，知道跳跳是一个非常爱闹的孩子）

提问：妈妈说了什么？（观察人物表情和地上乱糟糟的物品，理解妈妈的无奈）

幼儿边看图边阅读绘本，理解妈妈的无奈和跳跳的调皮。

第二部分：跳跳逛公园（观察第3~4页）

提问：这是什么地方？（公园）

提问：跳跳看到小朋友们在做什么？（画画）小朋友们画的是什么？（花草树木）

提问：跳跳做什么了？（高兴地跑来跑去，非常兴奋）

幼儿边看图边阅读绘本。

第三部分：与众不同的画（观察第5页）

提问：图上有谁？（跳跳和一个小姐姐）

提问：小姐姐画的是什么？（五星红旗）（观察跳跳的表情，理解"好奇"）

第四部分：伤心的小姐姐（观察第6~8页）

提问：跳跳做了什么？（抢过小姐姐的画，并撕掉）

提问：跳跳这样做对吗？为什么？

引导幼儿观察小姐姐和周围小朋友的表情，感受跳跳对国旗的"满不在乎"和小姐姐看到被撕坏的画时的心情。

第五部分：跳跳的疑惑（观察第9~10页）

提问：小姐姐在做什么？（跪在地上，捡起碎片粘在一起）

提问：跳跳在想什么？（观察跳跳的表情，理解"疑惑"）

第六部分：小姐姐的解释（观察第11~12页）

提问：小姐姐说了什么？（观察小姐姐严肃的表情，理解小姐姐对国旗的尊重）

提问：五星红旗是什么？（是我们的国旗，是国家的象征。我们应该尊重国旗、爱护国旗。）

提问：仔细观察，说说五星红旗是什么样子的？（出示一面实物五星红旗，认识国旗的形状、颜色、图案、意义）

第七部分：懂事的跳跳（观察第13~16页）

提问：跳跳看到了什么？他是怎么做的？（仔细观察图画）

提问：妈妈是怎么说的？（观察妈妈的表情：高兴）

提问：跳跳是怎么回答的？（观察跳跳的表情和动作，体会跳跳对国旗从"满不在乎"到"视如珍宝"的态度转变）听了跳跳的回答，妈妈欣慰地笑了，给跳跳点赞。

4. 重点讨论。

了解跳跳从对国旗"满不在乎"到"视如珍宝"的态度转变。

提问：你喜欢跳跳吗？为什么？

5. 回顾故事，激发情感。

（1）完整地欣赏故事《我爱五星红旗》。

（2）教师总结绘本故事内容，展示五星红旗，阐述五星红旗的象征意义。

▶ 活动延伸

1. 亲子活动：寻找生活中的五星红旗。

2. 阅读区：将绘本投放到阅读区，供幼儿欣赏阅读。

▶ 活动建议

在师幼共阅中，引导幼儿学说角色的对话，尝试感受角色的心理变化。

## 社会活动：认识国旗

### 活动目标

1. 了解我国国旗的名称、颜色及旗面上的图案。
2. 懂得升国旗时要肃立、安静，并向国旗行注目礼。
3. 懂得尊敬国旗，萌发热爱五星红旗的情感。

### 活动重点

了解我国国旗的名称、颜色及旗面上的图案。

### 活动难点

懂得升国旗时要肃立、安静，并向国旗行注目礼。

### 活动准备

1. 经验准备：参加过升旗仪式。
2. 物质准备：升旗仪式视频、五星红旗一面。

### 活动过程

1. 谈话导入，引出活动内容。

师：小朋友们，大家还记得我们幼儿园每周一都要举行什么活动吗？（升旗仪式）

师：那你们认识国旗吗？你们知道国旗是什么样子的吗？

2. 观察国旗，认识国旗。

出示国旗，引导幼儿观察国旗的颜色和图案，了解国旗的名称。

提问：小朋友们，这就是我们中国的国旗。你们认真看一看，它是什么形状的？有哪些颜色？旗面上有什么图案？为什么叫它五星红旗？

小结：这是我们国家的国旗，它的名字叫五星红旗。它的形状是长方形的，颜色是红色的，上面有五颗黄色的五角星——一颗大星星和四颗小星星。国旗代表着我们的国家——中国，我们都要热爱国旗。

3. 观看升旗仪式视频，了解升旗的基本礼仪。

（1）观看升旗仪式视频。

导语：在我国首都北京，每天都会举行庄严的升旗仪式，让我们一起看看吧！

（2）引导幼儿交流讨论，说说自己的发现：在整个升旗仪式过程中，周围的人都是怎么做的？

小结：升旗时小朋友要保持安静，不讲话，双手放在身体两侧，立正站好，眼睛看着国旗慢慢升起，尊敬、热爱国旗。

## 活动延伸

益智区活动"我会认国旗"，引导幼儿辨认、寻找中国的国旗。

## 活动建议

活动后可在活动室播放国歌，让幼儿练习升旗时的基本礼仪。

## 健康活动：夺红旗

### 活动目标

1. 知道"红旗"的象征意义，能够为"夺红旗"而努力。
2. 能手膝着地爬行、支撑身体前移钻过障碍物。
3. 能够遵守游戏规则，体验与同伴合作游戏的乐趣，初步萌发集体荣誉感。

### 活动重点

学习手膝着地爬行、支撑身体前移钻过障碍物。

### 活动难点

学会遵守游戏规则，与同伴合作游戏。

### 活动准备

1. 红旗若干、红军帽每人一顶。
2. 垫子、拱门（高70~80厘米，宽50~60厘米）若干。
3. 热身、放松以及游戏的音乐。

### 活动过程

**一、准备部分**

热身律动：教师带领幼儿跟随音乐做律动。

## 二、基本部分

1. 探索阶段。

情境创设:"勇敢小小兵"。

导语:戴上红军帽,我们就是勇敢的小小兵,在训练场上不怕苦不怕难。让我们一起动起来。

基本玩法:幼儿扮演小小兵,自由探索如何爬过垫子、钻过拱门。教师观察幼儿活动情况,提醒幼儿爬垫子时要手膝着地,钻过拱门时身体不能碰倒或移动拱门。

2. 学习阶段。

(1)教师引导幼儿讨论爬行和钻过拱门的方法,讲解动作要领,并邀请动作准确的幼儿进行示范。

提问:你刚刚是用什么办法爬过垫子、钻过拱门的呢?怎样才能爬得又快又稳?怎样快速安全钻过拱门呢?

总结动作要领:爬行时双手和双膝要着地,钻过拱门时上半身先钻过拱门,双手着地支撑身体往前移,带动后半身钻过拱门。

(2)幼儿再次进行游戏,练习动作要领。

3. 提升阶段。

情境创设:"夺红旗"。

导语:今天司令员给我们派了一个重要的任务,叫作"夺红旗"。哪一组先拿到红旗,哪一组就能获得胜利。

基本玩法:所有幼儿分为四组进行接力比赛。听到哨声后,每组第一个幼儿向前爬过垫子、钻过拱门,然后跑回起点,与同组下一个幼儿击掌接力。最后一个幼儿先到达终点拿到红旗并跑回起点的小组获胜。

游戏规则:首先,在钻拱门时,不能碰倒和移动拱门;其次,后面的幼儿与前面的幼儿击掌接力后才能开始游戏,否则就得回到起点重新开始游戏。

## 三、结束部分

小结:评价幼儿的表现。

听音乐,幼儿和教师一起做摇摇头、晃晃手、敲打四肢等放松动作,离开场地结束活动。重点放松肩膀、四肢等身体部位,缓解肌肉疲劳。

🚩 **活动延伸**

建议家长在家里用身边的材料,如椅子、纸箱、枕头等为幼儿创设游戏情境,开展亲子游戏。

## 活动建议

游戏中要确保幼儿的安全，避免发生意外伤害。可视幼儿能力水平增加拱门和垫子数量，改变摆放的形式，从而增强游戏的趣味性。

### 音乐活动：《国旗国旗真美丽》

## 活动目标

1. 熟悉歌词内容和旋律，学会演唱歌曲。
2. 能够尝试创编动作表现歌词内容。
3. 萌发热爱国旗的情感。

## 活动重点

熟悉歌词内容和旋律，学会演唱歌曲。

## 活动难点

能够尝试创编动作表现歌词内容。

## 活动准备

歌曲《国旗国旗真美丽》音频及动画视频。

## 活动过程

1. 初步感知歌曲的旋律，了解歌词内容。
（1）播放歌曲音频，引导幼儿仔细倾听并讲述听到的内容。
提问：你从歌里听到了什么？（国旗、金星、红云……）
（2）播放歌曲视频，引导幼儿观察视频画面，帮助幼儿理解歌词内容。
提问：你从视频里看到了什么？歌里是怎么唱的？
2. 熟悉歌曲旋律和内容，并学唱歌曲。
（1）在钢琴伴奏下，教师带着幼儿念歌词，熟悉歌词内容。
（2）教师范唱，并带领幼儿学唱歌曲若干遍。
（3）教师播放音频，幼儿跟着音乐完整歌唱。
3. 尝试根据歌词内容创编动作。
提问：你能用动作来表现歌词的内容吗？金星如何照大地呢？小红云怎样飞上蓝天？"飞上蓝天亲亲你"可以怎么表现呢？

幼儿自主讨论、创编动作。请个别幼儿展示自己创编的动作。

4.随着音乐表演自己创编的动作。

导语：大家都能够根据歌词意思创编合适的动作，而且非常有创意，现在就用你们创编的动作跟着音乐一起来表演吧！

5.理解歌词表达的情感，增强对国旗的热爱之情。

提问：为什么我们要变成小红云，飞上蓝天亲亲红旗呢？

小结：因为五星红旗是我们的国旗，它象征着我们的国家，我们要热爱我们的祖国，热爱我们的国旗。

## 活动延伸

表演区：幼儿继续创编歌曲动作并进行表演。

## 活动建议

日常生活中可以多开展创编动作的游戏，提高幼儿的想象力和创造力。

## 社会活动：汕头第一面五星红旗

### 活动目标

1. 了解汕头第一面五星红旗升起的时间、地点及意义。
2. 能够大胆地分享交流自己的意见。
3. 感受解放前后汕头人民生活的变化，懂得珍惜现在的幸福生活。

### 活动重点

了解汕头第一面五星红旗升起的时间、地点及意义，感受解放前后汕头人民生活的变化。

### 活动难点

通过观察，发现并讲述现在的生活与旧照片里生活的不同之处。

### 活动准备

1. 经验准备：幼儿对国旗已有相关的认知；活动前去小公园亭参观游玩过。
2. 物质准备：汕头第一面五星红旗在小公园亭升起的照片、解放前后汕头人民生活发展变化的图片。

⭐ **活动过程**

1. 出示汕头第一面五星红旗在小公园亭升起的照片，引出话题。

提问：你知道这是什么照片吗？你在照片中看到了什么？

小结：这是 1949 年 10 月 24 日，汕头第一面五星红旗在小公园亭升起的照片。五星红旗的升起象征着我们汕头解放了，当时人们非常开心，不少人来到这里见证这一神圣的时刻。

2. 出示汕头街景、建筑物、人物的服装、生活场景等老照片，引导幼儿观察对比，感知生活的改变。

提问：请小朋友看一看，这些老照片里的建筑、人们的穿着、出行等方面与现在有什么不同？

鼓励幼儿结合自己的亲身经历讲述照片上的生活情景与自己生活的不同。

小结：解放后，汕头人民的生活越来越幸福，你看，街道变得越来越美，很多农田都变成了高楼大厦，人们不缺衣少食，出行也方便多了，有各种各样的交通工具把我们带到世界各个角落。

3. 引导幼儿讨论并懂得要珍惜现在的幸福生活。

提问：你喜欢现在的生活吗？为什么？

总结：我们现在生活在一个幸福和平的年代，祖国强大，繁荣昌盛。不用挨饿受冻，还可以上学学习本领，这些都是我们的先辈在艰苦的岁月里用血汗换来的。我们要珍惜现在的幸福生活，要保护环境、珍惜资源、好好学习，成为一个对社会有用的人。

🚩 **活动延伸**

1. 引导幼儿与家长分享活动内容和感受，并且找出家里的老照片，聊一聊生活的变化。

2. 节假日请家长带幼儿去第一面五星红旗升起的地方打卡。

📌 **活动建议**

可以在家长中广泛征集活动中的老照片，并且让家长录制介绍照片的视频，让幼儿更加直观地了解生活的变化。

## 语言活动：国旗红

### ★ 活动目标

1. 理解和熟悉儿歌内容，学会朗诵儿歌。
2. 学会分组朗诵儿歌，感受问答式儿歌的特点。
3. 知道国旗的意义，萌发对国旗的热爱之情。

### ▶ 活动重点

理解和熟悉儿歌内容，学会朗诵儿歌。

### ✎ 活动难点

学会分组朗诵儿歌，感受问答式儿歌的特点。

### ★ 活动准备

五星红旗一面，儿歌音频。

### ★ 活动过程

1. 出示国旗，引导幼儿回顾并讲述国旗的名称和特点。

教师：老师手里拿的是什么？（国旗）它是什么颜色的？（红色的）上面有什么？（五角星）有几颗五角星呢？我们一起来数数。国旗上有五颗金星——黄色的五角星，所以我们叫它"五星红旗"。

2. 引导幼儿理解、熟悉儿歌内容并学念儿歌。

（1）播放儿歌，引导幼儿讲述儿歌内容。

提问：你在儿歌里听到了什么？（红彤彤的国旗，金星镶在红旗上。）

（2）教师带领幼儿边拍手边学念儿歌，熟悉儿歌内容。

（3）幼儿跟随音频完整念儿歌。

3. 引导幼儿感知儿歌一问一答的特点。

（1）教师与幼儿分角色朗诵儿歌。第一次幼儿提问，教师回答。第二次教师提问，幼儿回答。

（2）幼儿分组采用一问一答的形式朗诵儿歌。

4. 小结：五星红旗是我们国家的标志，我们都应该尊重五星红旗。

### ▶ 活动延伸

表演区：以小组或个人的形式朗诵儿歌。

## 活动建议

日常生活中可以让幼儿接触更多一问一答的儿歌，帮助幼儿理解问答式儿歌的特点。

附：儿歌

国旗红

什么红？国旗红。
国旗升起红彤彤。
什么亮？金星亮。
金星镶在红旗上。

## 数学活动：漂亮的彩旗

### 活动目标

1. 能够识别和理解 ABB 的排列规律及其特点。
2. 能够用自己的语言表述规律的特点，按 ABB 的规律拓展模式。
3. 体验动手操作的乐趣，感知数学活动中有序排列的规律美。

### 活动重点

识别和理解 ABB 的排列规律及其特点。

### 活动难点

用语言表述规律的特点，按 ABB 的规律拓展模式。

### 活动准备

1. 经验准备：幼儿理解"重复"的意思。
2. 物质准备：课件"漂亮的彩旗"，操作材料每人一份（小篮子，三角形、正方形、长方形三种形状的红、黄、蓝三种颜色纸片，彩旗挂绳2根），浆糊每组一份。

### 活动过程

1. 播放课件，欣赏国庆节汕头大街小巷彩旗飘飘的场景，以谈话引入活动。

导语：国庆节是祖国妈妈的生日。为了庆祝国庆节，汕头的大街小巷都装扮一新。请小朋友们看看这些图片，并说一说你都看到了什么。

小结：为了烘托欢快的节日氛围，表达我们对祖国妈妈的热爱和对祖国妈妈生日的祝福，人们在街道上插上了鲜艳的五星红旗，挂上了灯笼和彩旗，非常热闹！

2. 播放PPT（街道上悬挂彩旗，彩旗按ABB规律排列），引导幼儿观察画面，寻找彩旗的排列规律，并鼓励幼儿讲述规律的特点。

（1）播放第一张PPT（彩旗形状相同，颜色按ABB规律排列），引导幼儿观察并找出排列规律。

提问：请小朋友们仔细观察这些彩旗的排列顺序，想一想，它们是怎样排列的呢？你是怎么知道的？

小结：图片中的彩旗都是三角形的，是按照一面红色、两面黄色为一组重复排列的规律排列的。

（2）播放第二张PPT（彩旗颜色相同，形状按ABB规律排列），引导幼儿观察并找出排列规律。

提问：这些彩旗是按照什么规律排列的呢？你是怎么知道的？

小结：图片中的彩旗全部是红色的，是按照一面三角形、两面正方形为一组重复排列的规律排列的。

3. 播放第三张PPT（彩旗按一面红色三角形、两面黄色正方形为一组重复排列的规律排列），引导幼儿观察寻找规律并进行拓展。

导语：这条马路上也要挂上彩旗，可是工人们不知道接下来要挂什么样的彩旗，你能帮帮他们吗？

幼儿自主讨论，教师请个别幼儿表述自己的意见，并操作PPT拓展模式。

4. 幼儿观察并发现彩旗的排列规律，按照规律继续制作彩旗挂绳。

（1）出示彩旗挂绳，讲解操作要求。

导语：国庆节马上就要到了，我们班里也要挂彩旗庆祝，所以要请小朋友来帮忙制作彩旗挂绳。请你们拿到挂绳之后看看上面的彩旗都是按照什么规律排列的，并按照你发现的规律继续给挂绳粘上彩旗。

（2）幼儿操作，教师巡回指导。

重点鼓励完成的幼儿和旁边的小朋友说说自己发现的规律。

5. 幼儿展示作品，相互检查。

提问：谁愿意上来说说自己是按什么规律制作彩旗挂绳的？

🚩 **活动延伸**

1. 将幼儿制作的彩旗悬挂在活动室里供幼儿欣赏交流。
2. 引导幼儿在生活中寻找规律。
3. 在数学区投放各种颜色的彩旗，让幼儿自主按照 ABB 排序卡进行排序。

✏️ **活动建议**

活动中可以根据幼儿能力水平，提供更多颜色、形状、材料的纸片，让幼儿自主进行拓展排序。

## 音乐活动:《国旗国旗红红的哩》

⭐ **活动目标**

1. 熟悉歌词和旋律，学会演唱歌曲。
2. 感受乐曲前半句连贯、后半句跳跃的节奏特点。
3. 理解歌词表达的情感，为自己身为中国人而感到自豪。

🚩 **活动重点**

熟悉歌词和旋律，学会演唱歌曲。

✏️ **活动难点**

感受乐曲前半句连贯、后半句跳跃的节奏特点。

**活动准备**

《国旗国旗红红的哩》音频。

⭐ **活动过程**

1. 复习歌曲《国旗国旗真美丽》，谈话导入活动。

导语：小朋友们还记得之前我们学过的一首关于国旗的歌吗？（《国旗国旗真美丽》）请小朋友们跟着钢琴伴奏一起来唱一唱吧！

2. 播放歌曲，引导幼儿初步感知歌曲旋律，理解歌词内容。

导语：我们今天要来学唱另外一首关于国旗的歌曲，叫作《国旗国旗红红的哩》。请你们仔细听听，歌里都唱了些什么。

幼儿欣赏音乐，并用自己的语言表述听到的内容。

提问：我们的国旗是什么样的？（红红的）上面五颗金星是什么颜色的？（黄黄的）升在天空是——？（高高的）小朋友们看到国旗，心里是——？（甜甜的）

3. 教师范唱歌曲，注重突出前半句连贯、后半句跳跃的节奏特点，引导幼儿倾听和感受。

导语：请你仔细听一听，并说一说老师是怎么唱这首歌的。

小结：每句前四个字唱的时候要连贯，后四个字唱的时候要像小球弹动一样，轻巧跳跃起来。

教师带领幼儿随琴声学唱歌曲若干次，尝试唱出歌曲的节奏特点。

教师根据幼儿学习情况，尝试教师唱前半句，幼儿唱后半句。

4. 引导幼儿讨论，理解歌词表达的情感。

提问：为什么小朋友看到国旗心中会甜甜的呢？

幼儿自主讨论，教师请个别幼儿表达自己的意见。

小结：国旗是国家的象征。小朋友们知道自己是中国人，看到国旗，就为自己身为中国人而感到自豪，因此心里甜甜的。我们也要为自己身为中国人而感到自豪。

🚩 **活动延伸**

表演区：演唱歌曲并自由创编动作。

📣 **活动建议**

活动中可视幼儿的学习情况，引导幼儿尝试分组演唱前半句和后半句。

## 社会活动：升旗仪式

⭐ **活动目标**

1. 了解升旗的意义以及哪些场合会举行升旗仪式。
2. 懂得参加升旗仪式要严肃认真，保持立正、安静，行注目礼。
3. 萌发争当小小升旗手的愿望。

🚩 **活动重点**

掌握参加升旗仪式的要求：严肃认真，保持立正、安静，向国旗行注目礼。

## 活动难点

分辨升旗仪式上哪些行为是正确的、哪些行为是错误的。

## 活动准备

1. 经验准备：幼儿参加过升旗仪式，并事先与家长一起了解过什么时候、什么场合会举行升旗仪式。

2. 物质准备：幼儿园周一升旗仪式的视频和照片（重点拍摄幼儿参加升旗仪式的表现等）、不同场合举行升旗仪式的照片、国歌音频。

## 活动过程

1. 出示幼儿园周一升旗仪式照片，引出讨论话题。

（1）提问：这是什么照片？（幼儿园升旗仪式）你知道还有什么时候或者什么场合也会举行升旗仪式吗？

幼儿自由讲述自己了解到的关于升旗仪式的信息。（运动会颁奖仪式上；天安门前每天都会升旗，重要活动前，例如幼儿园举行运动会前。）

（2）提问：为什么幼儿园每周一都要举行升旗仪式呢？

幼儿讨论并发表自己的意见。

小结：因为国旗是我们国家的象征，所以每周一我们都要举行升旗仪式。当我们看到冉冉升起的五星红旗，我们就要想到自己是中国人。我们要热爱五星红旗，热爱我们的国家。

（3）提问：升旗仪式上除了升旗，我们还会做什么事呢？（唱国歌、唱红歌、向国旗敬礼）

小结：升旗仪式上，升旗手们在台上升旗，我们台下的小朋友都要向国旗行注目礼，合唱国歌，表达我们对国旗的尊敬和对祖国的热爱之情。

2. 播放升旗仪式视频，引导幼儿讨论参加升旗仪式的要求。

（1）播放事先拍摄的升旗仪式视频，引导幼儿观察台下幼儿的表现，寻找正确和错误的做法。

导语：这是本周一我们升旗仪式的视频，请你仔细地观看台下小朋友的表现，并和旁边的小朋友说一说你看到哪些做法是正确的、哪些做法是错误的，为什么。

（2）幼儿观看视频后自由交流，教师请个别幼儿发表自己的意见。

小结：升旗仪式是非常严肃庄重的场合，参加升旗仪式时，所有人都要面对国旗肃立，不能随意走动、东张西望、大声喧哗，升旗时眼睛要注视国旗，唱国歌时要认真，声音要整齐，不能故意拉长声音，更不能扯着嗓门唱。

3.播放大班幼儿升旗的视频，激发幼儿当升旗手的愿望。

导语：每周一我们都会有哥哥姐姐轮流当升旗手，你想和哥哥姐姐一样当升旗手吗？你知道怎样才能做一名合格的升旗手吗？

幼儿自由讲述自己的观点。

小结：当升旗手是一项光荣的任务。想要当好升旗手，首先必须非常热爱国旗，其次升旗的时候要非常严肃认真，身体站姿端正，昂首挺胸，眼神时刻专注在国旗上。另外，升旗手要听准音乐节奏，保持拉绳动作平稳有力，以保证国旗在国歌唱完时升到旗杆顶部。

4.播放国歌，引导幼儿体验当升旗手的感受，激发幼儿当升旗手的愿望。

导语：你也想当升旗手吗？现在我们就一起伴着庄严的国歌，体会一下做一名小小升旗手的感受吧。

幼儿随着音乐徒手做升旗动作。教师提醒幼儿要严肃认真，站姿端正，昂首挺胸，并跟着节奏双手协调做拉绳动作。

小结：为了当一名合格的升旗手，我们都要好好锻炼身体，学好本领，这样升上大班之后，我们每个人都可以成为一名光荣的升旗手。加油！

## 活动延伸

建议家长带领幼儿通过影视、新闻或现场等途径观看各种场所的升旗仪式，感受升旗仪式庄严的氛围，激发爱国之情。

## 活动建议

活动中可以请本周的升旗手到班里向幼儿讲解和展示升旗的过程，让幼儿更直观地了解升旗手的职责和要求。

### 科学活动：彩旗飘飘

## 活动目标

1.知道风能使旗帜飘扬起来，初步感知风的强弱与旗帜飘扬幅度的关系。

2.能尝试用不同的方法使旗帜飘扬起来，并大胆分享自己的想法。

3.乐于思考，体验科学探究的乐趣。

## 活动重点

知道风能使旗帜飘扬起来，初步感知风的强弱与旗帜飘扬幅度的关系。

## 活动难点

能尝试用不同的方法使旗帜飘扬起来，并通过动手实验感知风的强弱与旗帜飘扬幅度的关系。

## 活动准备

有风与没风时的五星红旗的图片、小旗人手一支、小型电动风扇人手一台。

## 活动过程

1. 出示有风与没风时的五星红旗的图片，引导幼儿比较观察，思考五星红旗飘扬起来的原因。

提问：这是什么？它们有什么不同？为什么一面国旗飘扬起来了，另一面国旗没有飘扬？

小结：有风时国旗就飘扬起来了。

2. 鼓励幼儿探索让旗帜飘扬起来的方法。

导语：现在每个小朋友手里都有一面小旗，你能用什么办法让它飘扬起来呢？试一试吧！

幼儿自主探究，教师请幼儿分享自己的方法。

小结：在没风的情况下，我们用嘴巴吹气，或者把小旗挥起来、转起来，或者拿着小旗跑起来，这样都能使小旗飘扬起来。因为这些方法都能造成空气的流动，从而形成风。

3. 鼓励幼儿进一步思考，讨论怎样让小旗飘得更久。

提问：刚刚的办法只能让小旗飘扬一会儿，要用什么办法才能让小旗飘得更久呢？

幼儿讨论并提出自己的意见。

小结：小旗飘扬是因为有风，只要有持续的风就能让小旗持续飘扬。

4. 出示小型电动风扇，引导幼儿探究风力与小旗飘扬幅度的关系。

（1）导语：风扇可以给我们提供持续的风，让小旗持续飘扬。现在我们就用电动风扇来让小旗飘扬起来。请小朋友们猜一猜，用不同风力吹小旗，小旗会有什么变化吗？

个别幼儿分享自己的猜测。

（2）引导幼儿自主探究，验证自己的猜测，教师巡回指导。

导语：请小朋友们自己操作一下，看看是否和你猜想的一样。

小结：风力小时，小旗飘扬的幅度就比较小；风力变大时，小旗飘扬的幅度也会变大。

### 活动延伸

活动结束后把小旗、小型电动风扇等材料投放到科学区，让幼儿进一步探索风向与小旗飘扬方向的关系。

### 活动建议

1. 要保证活动中提供的小型电风扇安全且操作便捷。

2. 此活动会受周围风的影响，导致实验结果有偏差，因此要避免选择风比较大的地方。

## （二）区域活动

表2　区域活动

| 区域 | 活动内容 |
| --- | --- |
| 阅读区 | **活动：阅读绘本《我爱五星红旗》**<br>**主要经验**<br>了解更多关于国旗的知识和故事。<br>**活动准备**<br>《我爱五星红旗》等与国旗相关的绘本。<br>**观察与指导要点**<br>1.引导幼儿认真观察绘本画面，尝试讲述画面内容。<br>2.引导幼儿一页一页翻阅图书，养成良好的阅读习惯。 |
| 语言区 | **活动：我会念儿歌**<br>**主要经验**<br>理解儿歌内容，愿意用表情、动作等表演儿歌。<br>**活动准备**<br>《国旗红》等儿歌音频、指偶、手偶等。<br>**观察与指导要点**<br>水平一：鼓励幼儿跟着儿歌音频朗读儿歌。<br>水平二：引导幼儿利用指偶、手偶等表演儿歌。 |

（续上表）

| 区域 | 活动内容 |
| --- | --- |
| 数学区 | **活动一：彩旗分一分**<br>**主要经验**<br>认识红、黄、蓝、绿四种颜色以及正方形、三角形、圆形、长方形四种图形，并能够根据彩旗的颜色和形状进行分类。<br>**活动准备**<br>每种颜色和形状的旗各10面、每种颜色和形状的标志挂牌、笔筒4个。<br>**观察与指导要点**<br>水平一：引导幼儿在笔筒上挂上不同颜色或形状的标志，并将彩旗分类插到相应笔筒里。<br>水平二：引导幼儿在每个笔筒上挂上颜色和形状标志，并将彩旗分类插到相应笔筒里。<br>**活动二：彩旗排排队**<br>**主要经验**<br>探究识别、复制和拓展模式。<br>**活动准备**<br>每种颜色和形状的旗各10面，模式卡片若干。<br>**观察与指导要点**<br>水平一：引导幼儿观察模式卡片，识别模式并尝试用彩旗复制模式。<br>水平二：引导幼儿根据模式卡片的模式尝试拓展模式。 |
| 科学区 | **活动：彩旗飘起来**<br>**主要经验**<br>尝试探索产生风的方法，探究风的大小与彩旗的飘扬幅度以及风向与彩旗飘扬方向之间的关系。<br>**活动准备**<br>不同颜色的旗帜2~3面、扇子、小型电动风扇、纸、笔若干。<br>**观察和指导要点**<br>水平一：鼓励幼儿尝试用多种方法让彩旗飘起来，感知风的大小与彩旗飘扬幅度的关系。<br>水平二：鼓励幼儿探究风向与彩旗飘扬方向之间的关系，并学习用图画的方式记录自己的发现。 |
| 美工区 | **活动：制作旗帜**<br>**主要经验**<br>尝试用各种材料装饰旗面，发展想象力和创造力。 |

（续上表）

| 区域 | 活动内容 |
| --- | --- |
| 美工区 | **活动准备**<br>不同颜色的长方形纸、吸管（粘上双面胶）、不同颜色和图案的碎纸、纸条、胶棒、油画棒等。<br>**观察与指导要点**<br>水平一：鼓励幼儿自由选择材料进行彩旗装饰。<br>水平二：鼓励幼儿按照一定规律排列装饰图案。 |
| 益智区 | **活动：我会认国旗**<br>**主要经验**<br>知道五星红旗是我们的国旗，熟悉国旗的特征，能辨认中国的国旗。<br>**活动准备**<br>各国国旗图片。<br>**观察与指导要点**<br>水平一：引导幼儿辨认寻找中国的国旗，并鼓励幼儿向同伴介绍国旗的特征及其象征意义。<br>水平二：观察各国国旗的形状、颜色和细节，尝试辨认各国国旗，鼓励幼儿大胆说出它们与五星红旗的区别。 |
| 表演区 | **活动一：小小红歌会**<br>**主要经验**<br>能用自然的声音熟练唱诵红歌《国旗国旗多美丽》《国旗国旗红红的哩》《我爱北京天安门》《国家》《义勇军进行曲》。<br>**活动准备**<br>小彩旗、红星灯等道具若干。<br>**观察与指导要点**<br>水平一：鼓励幼儿大胆在同伴面前用自然的声音歌唱。<br>水平二：鼓励幼儿尝试利用道具和创编动作来丰富表演形式。<br>**活动二：我爱五星红旗**<br>**主要经验**<br>乐意参与绘本故事《我爱五星红旗》的表演，学会角色对话。<br>**活动准备**<br>红旗、画板等道具。<br>**观察与指导要点**<br>1.能在教师的指导下，自主选择扮演的角色，并学习角色对话。<br>2.引导幼儿讨论角色特点，尝试用不同的语音语调表现人物的情绪。 |

## （三）生活活动

### 国旗在哪里

⭐ **主要经验**

了解生活中举行升旗仪式以及悬挂国旗的场景。

**活动准备**

幼儿与国旗的合照以及各种升旗仪式场景的图片。

🚩 **组织与指导要点**

1. 引导幼儿欣赏自己和同伴与国旗的合照，说一说是在什么时候、在哪里看到的国旗。
2. 引导幼儿观察图片中是在什么场景举行升旗仪式，并探讨升旗的意义。

### 国歌欣赏

⭐ **主要经验**

知道《义勇军进行曲》是我国的国歌，感受国歌的庄严，尝试跟唱国歌。

**活动准备**

国歌音乐《义勇军进行曲》。

🚩 **组织与指导要点**

1. 引导幼儿欣赏国歌，说一说听到国歌的感觉以及歌词内容。
2. 鼓励幼儿尝试跟着音乐跟唱国歌。

## （四）亲子活动

## 打卡红色基地

### ★ 活动目标

1. 了解汕头红色文化。
2. 能遵守活动要求，认真倾听工作人员的讲解。
3. 初步感知汕头红色文化的博大精深和源远流长，萌发爱家乡的情感。

### ★ 活动准备

1. 确定红色基地的参观时间和地点，提前联系红色基地的工作人员，了解参观事项和安全注意事项。
2. 引导幼儿和家长通过图片、视频、图书等事先了解汕头红色文化。
3. 材料：打卡记录单。

### ★ 活动过程

1. 教师出发前交代参观事项和安全注意事项，包括集散时间、地点、打卡任务等，并分发打卡记录单。
2. 到达集散地点，教师再次强调集散时间、地点以及安全注意事项。
3. 教师领队，带领家长和幼儿参观红色基地，引导他们仔细观察和聆听讲解员讲解。
4. 每参观完一个红色基地，请工作人员在幼儿打卡记录单上盖章。
5. 集合回园并进行活动交流。教师引导幼儿绘画表征并讲述自己在红色基地的见闻、体验和感受。

### ⚑ 活动延伸

鼓励家长和幼儿利用图文结合的方式记录打卡的见闻和感受，形成打卡日记。

### ✎ 活动建议

活动交流环节视参观时间长短和结束时间而定，若结束时间较晚，可安排在下一课时开展，并结合家长和幼儿制作的打卡日记组织幼儿分享交流。

## 八、主题评价

该主题围绕爱国教育绘本《我爱五星红旗》展开。绘本中细腻的笔触、精致的画工、典型鲜明的主题及贴近生活的故事情节，把跳跳从对国旗"满不在乎"到"视如珍宝"的表情变化及活泼可爱的形象刻画得惟妙惟肖，深受幼儿的喜爱，也让他们萌发了对"五星红旗"进行深入了解的兴趣。主题活动以具体可见的"五星红旗"为核心载体，选取了"童心认国旗""童心颂国旗""童心敬国旗"这三个内容层层递进、情感渐渐升华的子主题活动，通过细致观察、对比辨认、游戏等浸润式、体验式的活动，让幼儿在生活和游戏中认识国旗、学唱国歌，了解升旗礼仪，传承爱国主义精神，萌发热爱祖国的情感和身为中国人的自豪感。同时结合汕头本地红色资源，让幼儿了解汕头第一面五星红旗以及解放前后汕头人民生活的变化，让幼儿真切感受祖国的美好；组织开展"打卡红色基地"活动，让幼儿亲身感受汕头红色文化，萌发爱党爱国爱家乡的情感，为自己是中国人而感到骄傲自豪。

本主题活动目标达成情况可用检核表（见表3）进行评价。

表3 主题活动"向着国旗敬个礼"检核表（3~4岁）

| 序号 | 目标 | 评价内容 | 幼儿发展 ▐ | ▐▐ | ▐▐▐ |
|---|---|---|---|---|---|
| 一 | 身体发展目标 | 1. 发展身体的协调能力和耐力。 | | | |
| | | 2. 能手膝着地爬行、支撑身体前移钻过障碍物。 | | | |
| | | 3. 发展手部精细动作，学会使用画笔、胶棒等美工材料。 | | | |
| | | 4. 能主动参加体育活动，并注意活动中的安全。 | | | |
| 二 | 认知发展目标 | 1. 知道五星红旗是我们的国旗，是国家的标志和象征。 | | | |
| | | 2. 了解五星红旗的形状、颜色及旗面上的图案等特征。 | | | |
| | | 3. 了解汕头第一面五星红旗升起的时间、地点及意义。 | | | |

（续上表）

| 序号 | 目标 | 评价内容 | 幼儿发展 ▙ ▙▙ ▙▙▙ |
|---|---|---|---|
| 二 | 认知发展目标 | 4.学会朗诵儿歌《国旗红》，理解儿歌内容。 | |
| | | 5.能识别和拓展ABB模式。 | |
| | | 6.知道风能使旗帜飘扬，初步感知风的强弱与旗帜飘扬幅度的关系。 | |
| | | 7.学会唱《国旗国旗红红的哩》，理解歌词内容。 | |
| | | 8.知道《义勇军进行曲》是我国的国歌。 | |
| 三 | 社会性发展目标 | 1.懂得爱护国旗，尊重国旗，萌发对五星红旗的热爱之情。 | |
| | | 2.懂得升旗的礼仪，并能在生活中做到。 | |
| | | 3.感受生活的美好，为自己是中国人而感到骄傲自豪。 | |
| | | 4.初步感受汕头红色文化的博大精深和源远流长，萌发爱家乡的情感。 | |
| 评价补充 | | | |

## 九、主题资源

1.绘本《我爱五星红旗》。
2.歌曲《国旗国旗真美丽》。
3.歌曲《国旗国旗红红的哩》。
4.报道《汕头第一面五星红旗》。
5.歌曲《义勇军进行曲》。

# 中班主题活动：小英雄王二小

## 一、主题说明

### （一）主题来源

在一次家长助教活动中，幼儿听了《小英雄王二小》这个故事后，对故事中"把鬼子带进包围圈""王二小与敌人斗智斗勇"的情节充满了兴趣，更为最后王二小的牺牲而感到悲伤。有幼儿问："王二小最后真的死了吗？没有办法救活他吗？"还有的幼儿说："如果王二小跑得再快一点或者找个更隐蔽的地方躲起来，也许就不会死了。"围绕《小英雄王二小》这本绘本，一场关于"英雄"的探索之旅开始了。

### （二）设计意图

本主题将从"认识小英雄""歌颂小英雄""学习小英雄"三个子主题层层推进，让幼儿在品读红色绘本、观看影视作品的过程中更深入地了解小英雄"王二小"的故事，从而对王二小产生崇敬之情，萌发歌颂和学习小英雄的意愿，进而在生活中以小英雄为榜样，培养尽职尽责、面对困难坚持不懈、勇敢机智的良好品质。

### （三）价值分析

小英雄王二小身为儿童团团员，尽职尽责地为八路军和乡亲们放哨，遇到敌人时临危不惧、机智勇敢、坚韧不拔。这些可贵的品质构成了王二小的独特形象，使他在儿童心中成了英雄的典范。该绘本的学习能够激励幼儿在生活中培养认真负责、遇事沉着冷静、积极思考的良好品质。而王二小的牺性也让我们看到了战争年代少年儿童成长环境的艰辛。因此，通过这个主题还能让幼儿感受当前幸福生活来之不易，从而懂得珍惜当下的幸福生活。

## 二、主题目标

### ●身体发展

1. 发展身体的平衡能力，提高动作的协调性和灵活性。
2. 能够手膝着地匍匐爬。
3. 能助跑跨跳过一定距离（高度）的物体，提高身体动作的灵活性和协调能力，发展下肢力量。

### ●认知发展

1. 熟悉王二小的故事，初步了解抗日战争的历史。
2. 了解其他小英雄以及当代英雄或时代楷模的事迹。
3. 知道幸福生活来之不易。

### ●社会性发展

1. 萌发崇敬英雄、学习楷模的情感。
2. 知道自己的事情自己做，愿意承担任务并坚持完成。
3. 能够克服运动和生活中的困难，坚持到底。

## 三、主题网络图

认识小英雄：
- 早期阅读活动：《小英雄王二小》
- 社会活动：我心目中的英雄
- 生活活动：红色故事分享会
- 生活活动：小英雄电影院
- 表演区活动：绘本剧表演《小英雄王二小》
- 阅读区活动：阅读小英雄绘本
- 美工区活动：绘制海报《我心目中的英雄》
- 益智区活动：可爱的人

歌颂小英雄：
- 语言活动：少年英雄王二小
- 音乐活动：《歌唱二小放牛郎》
- 语言区活动：信封手偶故事表演"小英雄的故事"
- 语言区活动：儿歌朗诵《少年英雄王二小》
- 表演区活动：歌曲表演《歌唱二小放牛郎》

学习小英雄：
- 音乐活动：《党是太阳我是花》
- 健康活动：勇敢小小兵
- 健康活动：冲锋陷阵
- 生活活动：我能行
- 亲子活动：亲子自制红色图书展

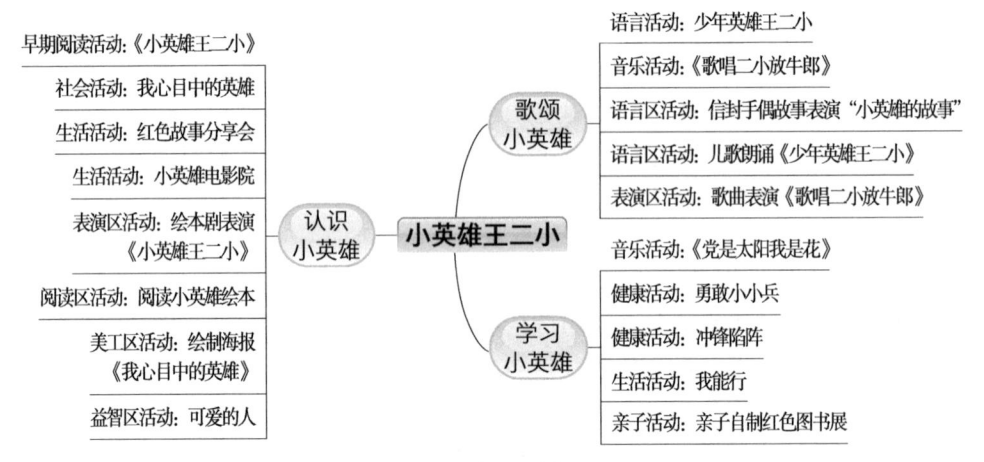

图1 主题网络图

## 四、环境创设

### （一）班级整体环境创设

1. 红色文化主题墙：展示与革命小英雄相关的图片。
2. 调查海报展示墙：展示幼儿探访汕头教育基地的所见所感。
3. 亲子自制图书展示墙：展示幼儿与家长一同制作的红色图书。
4. "我心目中的英雄"展示墙：展示《我心目中的英雄》海报。

### （二）区域与材料投放

1. 表演区：投放《小英雄王二小》的角色服装、枪支、红缨枪等道具，音乐《歌唱二小放牛郎》《党是太阳我是花》。
2. 美工区：投放各种废旧材料和彩纸、吸管、笔、颜料、胶枪、纸筒、胶带、剪刀等美工用品，供幼儿制作表演道具和海报。
3. 阅读区：投放《小英雄王二小》《鸡毛信》等关于革命时期小英雄的故事绘本。
4. 益智区：投放解放军、医生、护士、消防员等角色的拼图。
5. 语言区：投放儿歌《少年英雄王二小》音频、响板等乐器。

## 五、家园共育

1. 请家长周末带幼儿到红色教育基地（如"八一"南昌起义南下部队总指挥部旧址、樟林古港）等地参观游览，为自制红色图书搜集素材。
2. 请家长与幼儿共同协作，用绘画、剪贴等方式制作亲子红色图书。
3. 家长与幼儿共同阅读红色故事绘本或影视，并用绘画、泥塑等方式创作自己心目中的英雄。

## 六、主题活动计划表

### 表 1　主题活动计划表

| 周次 | 主题名称 | 目标 | 活动名称 | 活动形式 集体活动 | 活动形式 区域活动 | 活动形式 生活活动 | 活动形式 亲子活动 |
|---|---|---|---|---|---|---|---|
| 第一周 | 认识小英雄 | **身体发展：**<br>1.发展手部精细动作，能使用各种美术绘画材料。<br>2.能够根据故事内容创编动作，保持动作协调和身体平衡。<br>**认知发展：**<br>1.熟悉和理解绘本《小英雄王二小》的内容。<br>2.能观察和描述画面中的信息，并进行简单的思考。<br>3.了解战争年代以及当代英雄或时代楷模的事迹。<br>4.能够联系生活，描述自己心目中的英雄为祖国和人民做出的贡献。<br>**社会性发展：**<br>1.喜欢阅读红色绘本，乐意与同伴交流自己的感受。<br>2.感受小英雄机智勇敢、不屈不挠等优秀品质。<br>3.萌发崇敬英雄、学习楷模的情感。 | 《小英雄王二小》（早期阅读） | ○ |  |  |  |
|  |  |  | 我心目中的英雄（社会） | ○ |  |  |  |
|  |  |  | 红色故事分享会 |  |  | ○ |  |
|  |  |  | 小英雄电影院 |  |  | ○ |  |
|  |  |  | 绘本剧表演《小英雄王二小》 |  | 表演区 |  |  |
|  |  |  | 阅读小英雄绘本 |  | 阅读区 |  |  |
|  |  |  | 绘制海报《我心目中的英雄》 |  | 美工区 |  |  |
|  |  |  | 可爱的人 |  | 益智区 |  |  |

（续上表）

| 周次 | 主题名称 | 目标 | 活动名称 | 活动形式 ||||
|---|---|---|---|---|---|---|---|
| | | | | 集体活动 | 区域活动 | 生活活动 | 亲子活动 |
| 第二周 | 歌颂小英雄 | **身体发展：**<br>能够尝试创编动作表现歌词内容，发展身体平衡能力和动作协调性。<br>**认知发展：**<br>1.理解儿歌和歌曲内容。<br>2.感受儿歌的韵律，尝试有节奏地朗读儿歌。<br>3.感受歌曲旋律重复的特点。<br>**社会性发展：**<br>1.理解儿歌和歌曲表达的情感，初步萌发对王二小的崇敬之情。<br>2.体验与同伴一起表演的乐趣，愿意大胆地表现自己。 | 少年英雄王二小（语言） | ○ | | | |
| | | | 《歌唱二小放牛郎》（音乐） | ○ | | | |
| | | | 信封手偶故事表演"小英雄的故事"，儿歌朗诵《少年英雄王二小》 | | 语言区 | | |
| | | | 歌曲表演《歌唱二小放牛郎》 | | 表演区 | | |
| 第三周 | 学习小英雄 | **身体发展：**<br>1.发展四肢的协调性。<br>2.掌握手膝着地匍匐爬的动作要领。<br>3.能助跑跨跳过一定距离（高度）的物体，提高身体动作的灵活性和协调能力，发展下肢力量。<br>**认知发展：**<br>熟悉歌曲旋律和歌词内容，用自然的声音演唱歌曲。 | 《党是太阳我是花》（音乐） | ○ | | | |
| | | | 勇敢小小兵（健康） | ○ | | | |
| | | | 冲锋陷阵（健康） | ○ | | | |

（续上表）

| 周次 | 主题名称 | 目标 | 活动名称 | 活动形式 ||||
|---|---|---|---|---|---|---|---|
| | | | | 集体活动 | 区域活动 | 生活活动 | 亲子活动 |
| 第三周 | 学习小英雄 | 社会性发展：<br>1. 大胆表现自己，体验与同伴合作演唱的快乐，萌发热爱祖国的情感。<br>2. 自己的事情尽量自己做，不依赖别人。<br>3. 认真负责地完成值日生的工作。<br>4. 喜欢体育游戏，并能够克服运动中的困难和挑战。 | 我能行 | | | ○ | |
| | | | 亲子自制红色图书展 | | | | ○ |

# 七、主题活动设计

## （一）集体活动

### 早期阅读活动：《小英雄王二小》

⭐ **活动目标**

1. 完整感知故事，理解故事内容。
2. 能根据连续画面提供的信息，大致说出故事的情节。
3. 乐意与同伴交流自己的感受，体会王二小的机智与勇敢。

⭐ **活动准备**

《小英雄王二小》绘本人手一册、《小英雄王二小》故事视频。

⭐ **活动过程**

1. 出示绘本封面，导入故事。
提问：封面上有什么？小男孩在干什么？
2. 幼儿自主阅读图书，初步感知绘本的故事内容。

导语：今天我们要看的这本绘本叫《小英雄王二小》。请小朋友们仔细阅读绘本，看看里面有谁，发生了什么事情。

幼儿自主阅读，教师巡回指导，鼓励幼儿与旁边的小朋友交流自己看到的内容。

教师请幼儿讲述自己的发现。

3. 师幼共阅，引导幼儿仔细观察人物动作、表情，大胆猜测人物的情绪情感，帮助幼儿理解情节的发展。

提问：

第1~4页：王二小负责的任务是什么？放哨是什么意思？

第5~8页：王二小发现了什么？他为什么那么着急？

第9~12页：看到敌人来扫荡，王二小是怎么做的？

第13~16页：王二小真的害怕了吗？他在途中是怎样给八路军发信号的？

第17~20页：王二小最后怎么样了？

4. 重点讨论。

提问：王二小是怎么与敌人斗智斗勇的？王二小如何把敌人带进包围圈？你喜欢故事中的王二小吗？为什么？

教师请个别幼儿表述自己的想法。

5. 欣赏《小英雄王二小》视频，帮助幼儿完整感知故事，理解故事内容。

▶ **活动延伸**

1. 表演区：尝试表演绘本故事《小英雄王二小》。
2. 阅读区：阅读《小英雄王二小》等与抗战小英雄相关的绘本。
3. 家园共育：建议家长与幼儿在家里一起阅读绘本《小英雄王二小》，讨论故事情节以及对故事人物的看法，并制作红色故事海报。

📯 **活动建议**

开展红色绘本阅读前，带幼儿了解抗日战争时期的历史。

## 社会活动：我心目中的英雄

⭐ **活动目标**

1. 了解当代英雄或时代楷模的事迹。
2. 能够联系生活，描述自己心目中的英雄为祖国和人民做出的贡献。
3. 萌发崇敬英雄、学习楷模的情感。

### 活动准备

1. 经验准备：幼儿阅读过《小英雄王二小》《小英雄雨来》《鸡毛信》等绘本，事先与家长一起了解当代英雄或时代楷模如麦贤德、袁隆平、张桂梅等的事迹。

2. 物质准备：亲子制作的《我心目中的英雄》海报；身边各行各业人员（交警、医生、消防员等）在各种抢险救灾一线以及坚守工作岗位的照片或视频。

### 活动过程

1. 谈话导入。

提问：小朋友们，你们认识哪些英雄？

幼儿根据自己的经验自由表述。

2. 引导幼儿借助亲子海报《我心目中的英雄》，分享交流自己心目中的英雄。

导语：请小朋友们拿出和爸爸妈妈一起制作的海报，和同伴说一说你心目中的英雄是谁，他做了什么事情，你为什么喜欢他。

幼儿自主交流。教师巡回指导，鼓励幼儿说清楚心目中英雄的名字以及简要描述他做出的贡献。

教师请个别幼儿展示和讲述自己心目中的英雄。

3. 播放身边各行各业人员（交警、医生、消防员等）在各种抢险救灾一线以及坚守工作岗位的照片或视频，引导幼儿感知各行各业为祖国和人民做出的贡献。

导语：刚刚小朋友们都分享了自己心目中的英雄，我也来分享我心目中的英雄。请你们看看这些照片和视频，猜一猜我心目中的英雄是谁。

幼儿自由表述自己的观点。

小结：我心目中的英雄是在抗洪救灾一线的解放军叔叔，是在火场奋不顾身救火的消防员叔叔，是在疫情一线救死扶伤的医生叔叔和阿姨，是在马路上坚守岗位执勤的交警叔叔……他们是我们身边的守护者，是守卫我们平安和健康的英雄。

4. 引导幼儿讨论怎样表达我们对英雄和楷模的敬意和感谢。

提问：英雄们为我们做出了这么多贡献，我们可以怎样表达我们的感激和敬意呢？

小结：我们看到他们时可以向他们敬礼，可以给他们送花，可以为他们唱一首歌，这些都能表达我们的感恩之情。但是我相信他们更希望小朋友们能够珍惜现在的幸福生活，好好学习，健康长大，这就是对他们最好的回报。

### 🚩 活动延伸

1. 阅读区：阅读时代楷模系列绘本。
2. 美工区：绘制海报《我心目中的英雄》，鼓励幼儿绘出心目中的英雄以及他们的事迹，并和同伴交流。
3. 家园共育：请幼儿和家长一起观看时代楷模的影视作品或阅读相关绘本。

### ✏️ 活动建议

如果班里有参与过救灾或抗疫活动的家长，可邀请家长拍摄相关视频或作为助教讲述自己的经历，拓展幼儿对于身边时代楷模的认识。

## 语言活动：少年英雄王二小

### ⭐ 活动目标

1. 熟悉和理解儿歌内容。
2. 感受儿歌的韵律，尝试有节奏地朗读儿歌。
3. 理解儿歌表达的情感，初步萌发对王二小的崇敬之情。

### 🍃 活动准备

1. 经验准备：幼儿认识并使用过响板。
2. 物质准备：课件"少年英雄王二小"、大班幼儿用响板伴奏朗诵《少年英雄王二小》的视频、响板人手一个。

### ⭐ 活动过程

1. 出示绘本《小英雄王二小》，以谈话引入活动。
导语：小朋友们还记得这本绘本的名字吗？它讲了一个怎样的故事？
师幼共同回顾故事内容。
2. 播放视频，引导幼儿初步感知儿歌内容。
导语：今天我们要来学一首歌颂王二小的儿歌，请小朋友们听一听儿歌里都讲到了什么。

提问：让你印象最深刻的是哪一句？它是什么意思？

幼儿讲述自己听到的内容。教师播放PPT，展示相应语句描述的画面。

小结：原来作者把王二小的故事都放在这首儿歌里了，读起来朗朗上口。接下来，就让我们一起来学一学这首儿歌吧。

3. 教师播放PPT，按照儿歌内容的顺序逐页呈现对应的画面，并带领幼儿逐页学念儿歌若干次，帮助幼儿理解、熟悉儿歌内容，体会儿歌表达的情感。

4. 再次播放视频，师幼跟着音频边拍手边朗读儿歌，初步感受儿歌的节奏韵律。

5. 出示响板，引导幼儿跟随视频一边朗读一边敲击响板，提升对儿歌节奏韵律的感受。

导语：视频中，哥哥姐姐们用响板伴奏来朗诵儿歌。接下来，我们也一起听着儿歌，一边朗读，一边用响板来伴奏吧。

## ▶ 活动延伸

语言区：朗读《少年英雄王二小》等儿歌，尝试用各种乐器伴奏朗诵儿歌《少年英雄王二小》。

## 📣 活动建议

这首儿歌篇幅较长，教师可以在日常生活中引导幼儿欣赏儿歌，帮助幼儿熟悉儿歌内容，也可以将儿歌学习部分分为两个课时。

附：儿歌

### 少年英雄王二小

二小放牛在山冈，鬼子进山来扫荡，
走到岔路抓二小，要他带路去范庄。
后方机关和伤员，还有老乡那里藏。
二小心里有主意，顺从带路不慌张。
范庄在东他往西，走到绝壁如高墙，
天然一个大口袋，八路埋伏山岭上。
敌人进了包围圈，鬼子发觉上了当，
挥起大刀砍二小，砍断手指鲜血淌。
鬼子军官举刺刀，刺进二小小胸膛。
把他挑在枪尖上，狠狠摔到巨石旁。

八路战士看在眼，满腔仇恨端起枪。
乒乒乓乓乒乒乓，鬼子全被消灭光。
少年英雄王二小，抗战精神放光芒！

（作者：李俊）

### 音乐活动：《歌唱二小·放牛郎》

⭐ **活动目标**

1. 欣赏歌曲《歌唱二小放牛郎》，理解歌词内容。
2. 感受歌曲旋律重复的特点，尝试创编动作表现歌词内容。
3. 感受歌曲的情感，增强对王二小的崇敬之情。

🍀 **活动准备**

1. 经验准备：熟悉《小英雄王二小》的故事内容。
2. 物质准备：歌曲《歌唱二小放牛郎》音频和视频、每段歌词所描绘场景的图片。

⭐ **活动过程**

1. 播放歌曲《歌唱二小放牛郎》视频，引导幼儿仔细倾听和观看，并讲述自己听到的和看到的内容。

导语：小朋友们还记得王二小的故事吗？今天我们要来欣赏一首歌曲，名字叫《歌唱二小放牛郎》，请小朋友们认真看、仔细听歌曲里唱了什么，然后跟你旁边的小朋友说一说你听到了什么，看到了什么。

幼儿观看视频并自由小声交流。教师请个别幼儿分享自己的见闻。

小结：这首歌的歌词正是讲述了王二小把敌人引进八路军的埋伏圈，救了乡亲们，而自己却英勇牺牲的故事。

2. 播放歌曲音频，引导幼儿完整欣赏，并根据歌词内容的顺序排列故事场景图片顺序，帮助幼儿熟悉歌词内容。

导语：这里是几张被打乱顺序的与歌曲对应的场景图，请小朋友们再次聆听这首歌曲，根据歌词内容出现的顺序排列这些场景图片。

幼儿倾听后，教师邀请个别幼儿调整场景图片的顺序，讲述自己的观点。教师指导其他幼儿检查并发表自己的意见。

3. 再次播放歌曲音频，引导幼儿仔细听歌曲的旋律，感受歌曲旋律四句重复一次的特点。

导语：请小朋友们再认真听一听歌曲，并说一说你发现了什么。

小结：这首歌曲对应每幅图是四句歌词，每四句的旋律是重复的。

4. 引导幼儿表述欣赏这首歌曲的感觉，感受歌曲的情感基调。

提问：你听这首歌的时候，心里是什么感受？

小结：这首歌歌颂了王二小英勇机智、为人民牺牲自我的宝贵精神。因此歌的旋律是非常抒情的，表达了人们对王二小的崇敬之情。

5. 鼓励幼儿尝试根据歌词内容创编动作。

导语：这首歌每四句描述一个场景，总共有七个场景。我们可以为这些场景配上怎样的动作呢？

幼儿自由创编，教师请个别幼儿展示自己创编的动作。

6. 播放歌曲，幼儿运用自己创编的动作尝试进行表演。

## 活动延伸

表演区：歌曲表演《歌唱二小放牛郎》，鼓励幼儿继续为歌曲创编动作并进行表演。

## 活动建议

在创编动作部分，也可以根据歌曲描述的场景引导幼儿分组自由选择表演的场景进行动作创编。

## 音乐活动：《党是太阳我是花》

### 活动目标

1. 熟悉歌曲旋律和歌词内容，用自然的声音演唱歌曲。
2. 能根据图谱记忆歌词并创编动作进行表演。
3. 感受歌曲的情绪，萌发爱党爱国的情感。

### 活动准备

歌曲《党是太阳我是花》的音频和图谱。

### 活动过程

1. 谈话导入。

提问：过几天就是"七一"建党节，我们要怎样表达对党和国家的感恩之情呢？

导语：今天我们就来学习一首歌曲《党是太阳我是花》，以此来向我们的党和国家表达我们深深的爱意。

2. 出示图谱，引导幼儿观察，激发兴趣。

导语：在学习歌曲之前，我们一起来看看这张图。请你说说你看到了什么。

3. 播放音频，教师根据歌曲内容指图谱，帮助幼儿直观感受歌曲内容。

导语：这张图是我们今天要学的这首歌曲的图谱，让我们来一起听一下吧。

提问：小朋友们，歌曲都唱了什么？

幼儿回答，教师根据幼儿的回答顺序在图谱里指出来。

4. 教师指着图谱，引导幼儿有节奏地说出歌词，帮助幼儿熟悉歌词内容。

5. 助教老师钢琴伴奏，教师指着图谱范唱并鼓励幼儿跟着轻声哼唱。如此重复3~4遍，直至幼儿基本能够完整跟唱。

6. 引导幼儿根据歌词创编动作并进行完整表演。

提问：你想用什么样的动作来表现第一段"太阳花叮嘱说，党是太阳我是花……"呢？当你唱到"啦啦啦啦"，你会用什么动作来表现呢？最后一句"慈爱妈妈最无暇，呵护着各族儿女，呵护着中华"，你觉得用什么动作最能表达我们对党的热爱？

教师播放音乐，请幼儿自由创编动作并上台表演。

### 活动延伸

表演区：幼儿尝试和同伴合作表演歌曲《党是太阳我是花》。

### 活动建议

在一个课时里，如果幼儿对歌曲还不够熟练，可以在日常生活中播放歌曲，鼓励幼儿跟唱熟悉歌曲。

## 健康活动：勇敢小小兵

### 活动目标

1. 掌握手膝着地匍匐爬的动作要领，发展四肢的协调性。
2. 能够大胆分享自己迅速且安全通过"电网"的经验。
3. 愿意接受运动所带来的挑战，体验运动的快乐。

## 活动准备

1. 经验准备：幼儿掌握了肩上投掷的动作。

2. 物质准备：幼儿人手一个塑料奶瓶、四组垫子、两组平衡木、五米长的绳子、大纸箱做成的"火库"、两组两层高的奶粉罐"墙"、两面红旗、口哨，热身、游戏以及放松环节的三段音乐。

## 活动过程

### 一、开始部分

师幼跟随音乐进行热身律动。

导语：今天我们来学习王二小，做个勇敢的小小兵。老师是指导员，你们是勇敢的小小兵。小小兵们听指挥，我们一起学本领。听信号迅速站成一列纵队，立正，稍息，踏步切分走成四队：瞄准射击—上肢运动，装弹开炮—下蹲运动，望远—体转运动，骑马—原地跑。我们的小兵真能干，本领练得都很不错。

### 二、基本部分

1. 情境导入，激发幼儿的游戏兴趣。

导语：刚刚我们的侦察兵发现了敌人的"军火库"，里面有许多的"炸药"，我们今天必须炸毁它。可是敌人的"军火库"装了"电网"，只要有人碰到它就会被敌人发现，我们也会受伤。

提问：我们怎样才能安全地通过呢？（幼儿讨论后总结出：爬过去）

2. 穿越"电网"。

提问：怎么做才能安全通过"电网"？

（1）幼儿自由探索爬的动作。请个别幼儿分享自己迅速爬过去且不触碰到"电网"的经验。

（2）教师总结动作要领：趴下后曲臂收腿向前爬。请个别幼儿示范。

（3）幼儿分组练习，教师个别指导。重点提醒幼儿把整个身子放平，注意四肢动作的协调。

3. 游戏：勇敢小小兵。（播放音乐《游击队之歌》）

玩法：幼儿从起跑线出发，走过木桥，跨过两层高的奶粉罐墙，匍匐前进通过"电网"，跑到投掷线，从地上取一个"手雷"（牛奶瓶），用单手肩上向前投掷的方法击中"军火库"。

规则：出发时要一个接着一个，以免发生危险。每组最后一名幼儿"炸"掉"军火库"后把红旗插上去，先完成的一组获胜。

（1）第一轮游戏。结束后，请胜利的一方幼儿分享他们的经验，说说是如何做到动作又快又标准且不触碰"电网"的。

（2）第二轮游戏。教师肯定幼儿的表现，尤其是能积极参加游戏、勇敢挑战自我的幼儿。

三、结束部分：放松活动

导语：今天我们的小小兵真勇敢，克服困难完成了任务，真是了不起。小小兵们都很累，现在和指导员一起回营房休息。

幼儿跟着教师随音乐一起做放松运动。

▶ 活动延伸

创设户外体育活动区域，鼓励幼儿进行跑跳、钻爬、投掷、走平衡木等活动。

🖊 活动建议

幼儿的身体素质条件不同，身高、身形可能存在较大的差异，建议教师在组织活动时灵活调整"电网"的高度。

### 健康活动：冲锋陷阵

⭐ 活动目标

1. 能助跑跨跳过一定距离（高度）的物体，发展身体协调能力和下肢力量。
2. 能在情境中灵活运用助跑跨跳进行游戏活动。
3. 喜欢体育游戏，体验与同伴一起运动的快乐。

🍃 活动准备

高矮大小不同的纸箱各几个，小红旗2面。

⭐ 活动过程

一、开始部分——热身活动

师：小兵们，今天我们要完成跨越"战壕"的任务。准备好了吗？我们一起准备出发喽！

幼儿与教师排成一路纵队进场，在欢快音乐的伴奏下变成四路纵队。师幼进行走跑交替活动，为跨跳进行重点部位的专项热身，包括头部、手臂、手腕、脚踝、脚背、腿部等。

**二、基本部分**

1. 跨过"战壕"（学习助跑跨跳动作）。

（1）幼儿自由探索跨跳的动作。个别幼儿分享自己顺利跨越"战壕"的经验。

（2）教师慢速示范并讲解动作要领：一脚蹬地，另一脚向前伸出并使整个身体腾空而起，单脚落地后向前跑。教师连贯演示动作流程：蹬—跨—跑。

（3）幼儿自由练习，连续跨跳3道"战壕"。

（4）请个别幼儿演示，纠正后再重点练习。

2. 游戏：冲锋陷阵。

（1）教师运用高矮不同的纸箱设置"战壕"情境。

幼儿分两队站在起跑线上。每队排头的幼儿手持小红旗，教师扮演指挥员。

（2）游戏玩法：指挥员发出指令"准备，出发！"各队排头幼儿手拿小红旗，跨跳过"战壕"，跑回起点，把小红旗传给第二位幼儿，如此依次进行，直至所有幼儿完成跨跳"战壕"的任务。最快完成的队伍获胜。

规则：需要等前面的同伴把红旗递给自己，拿到红旗后才能出发。

（3）游戏可分男生两组比赛、女生两组比赛，男生和女生获胜的两组再进行比赛。

（4）教师提醒幼儿遵守游戏规则，并注意安全。

**三、结束部分——放松活动**

导语：今天你们顺利地跨过了"战壕"，开心吗？小兵们都辛苦了，来放松放松吧！

幼儿散开站立，随轻音乐拉伸放松，调整呼吸、调节情绪，重点进行腿部、腰部的拉伸和拍打。

▶ **活动延伸**

在后续户外体育活动中为幼儿提供相应器材进行练习。

🎺 **活动建议**

由于幼儿的身体素质条件不同，身高、身形可能存在较大的差异，建议在组织活动时灵活调整"战壕"的高度。

## （二）区域活动

表 2　区域活动

| 区域 | 活动内容 |
| --- | --- |
| 阅读区 | **活动：阅读小英雄绘本**<br>**主要经验**<br>喜欢阅读《小英雄王二小》《鸡毛信》等小英雄的红色绘本故事，感受小英雄的机智勇敢、不屈不挠等优秀品质。<br>**活动准备**<br>《小英雄王二小》《鸡毛信》等关于抗日战争时期小英雄的红色绘本。<br>**观察与指导要点**<br>1. 引导幼儿仔细观察画面，并根据连续画面提供的信息，大致说出故事的情节。<br>2. 鼓励幼儿与同伴一起阅读，并分享阅读中的发现、体会和想法。 |
| 表演区 | **活动一：绘本剧表演《小英雄王二小》**<br>**主要经验**<br>按照故事中的情节，自主商讨角色分配，并根据表演的角色选择和搭配合适的服饰道具，在表演时学会用不同的表情、声调来表现人物角色特点。<br>**活动准备**<br>王二小、日军等角色的服装，红缨枪、鞭子、手枪、扇子等道具。<br>**观察与指导要点**<br>1. 引导幼儿根据故事内容讨论和创编不同人物的表情和动作。<br>2. 引导幼儿使用猜拳等适当的方式分配表演角色。<br>3. 鼓励幼儿相互合作穿戴表演服饰和道具，必要时协助幼儿穿戴。<br>4. 在表演道具缺少时，鼓励幼儿利用废旧物品自制道具。<br>5. 鼓励幼儿在活动后表达自己在准备和表演过程中的感受或者遇到的困难，讨论下一次表演要改进的地方。<br>**活动二：歌曲表演《歌唱二小放牛郎》**<br>**主要经验**<br>根据歌曲内容创编动作表演歌曲。<br>**活动准备**<br>王二小、日军等角色的服装，红缨枪、鞭子、手枪、扇子等道具，歌曲《歌唱二小放牛郎》音频。<br>**观察与指导要点**<br>1. 引导幼儿根据歌曲内容讨论和创编动作。<br>2. 鼓励幼儿相互合作穿戴表演服饰和道具，必要时协助幼儿穿戴。 |

（续上表）

| 区域 | 活动内容 |
| --- | --- |
| 语言区 | **活动一：信封手偶故事表演"小英雄的故事"**<br>**主要经验**<br>利用自制的信封手偶表演自己感兴趣的小英雄的故事，加深对故事内容和人物角色的理解。<br>**活动准备**<br>幼儿自制的信封手偶，纸笔、空白信封、剪刀、胶带。<br>**观察与指导要点**<br>1. 引导幼儿自主商议表演的内容和角色。<br>2. 引导幼儿根据故事的内容揣摩人物的语音、语调。<br>3. 鼓励幼儿根据故事的需要利用材料自制信封手偶。<br>**活动二：儿歌朗诵《少年英雄王二小》**<br>**主要经验**<br>熟悉儿歌内容，学会有节奏地朗诵儿歌。<br>**活动准备**<br>儿歌音频、响板、双响筒等乐器。<br>**观察与指导要点**<br>1. 引导幼儿跟着音频学习朗诵儿歌。<br>2. 鼓励幼儿尝试用不同乐器伴奏，并学会有节奏地朗诵儿歌。 |
| 美工区 | **活动：绘制海报《我心目中的英雄》**<br>**主要经验**<br>能尝试绘出自己心目中的英雄以及他们的事迹，并与同伴进行交流。<br>**活动准备**<br>白纸、笔、蜡笔、彩色笔等。<br>**观察与指导要点**<br>1. 鼓励幼儿在绘画后大胆表述自己绘画的内容，说清楚心目中的英雄是谁，他做了什么事以及喜欢他的原因。<br>2. 鼓励幼儿相互交流分享。 |
| 益智区 | **活动：可爱的人**<br>**主要经验**<br>知道不同行业的工作内容。<br>**活动准备**<br>解放军、医生、护士、消防员等各行各业人物拼图若干。<br>**观察与指导要点**<br>1. 引导幼儿根据不同服饰的特征拼搭出各个行业的人物图片。<br>2. 鼓励幼儿用语言描述各个行业为人民做出的贡献。 |

## （三）生活活动

### 红色故事分享会

⭐ **主要经验**

与同伴分享自己最喜欢的红色故事，发展语言表达能力，提升自信。

🚩 **组织与指导要点**

1. 场地布置：创设"红色故事分享会"场地和环境。
2. 播放背景音乐，请幼儿上台分享自己喜欢的红色故事。
3. 引导其他幼儿在活动中学会安静倾听，自觉成为一个文明的小听众。

### 小英雄电影院

⭐ **主要经验**

通过观看"红色电影"，进一步了解老一辈革命家和共产党员浴血奋战的壮志情怀和英勇的革命精神，懂得珍惜现在的幸福生活，萌发爱党爱国的情感。

🚩 **组织与指导要点**

1. 场地布置：创设"小英雄电影院"场地和环境，准备多媒体播放设备（教学一体机或投影设备等）。
2. 结合红色文化绘本故事筛选适合幼儿年龄特征、理解能力的优秀影片，如《小英雄王二小》《闪闪的红星》《小兵张嘎》《鸡毛信》等。
3. 看电影过程中引导幼儿遵守公共场合的秩序，学会文明观影，自觉做一个讲文明的小朋友。

### 我能行

⭐ **主要经验**

1. 自己的事情尽量自己做，不依赖别人。
2. 认真负责地完成值日生的工作。

🚩 **组织与指导要点**

1.在生活中鼓励幼儿自己的事情自己做，并适当分配任务让幼儿承担。

2.引导幼儿记住自己值日的时间和内容，鼓励幼儿尽职完成自己的任务。

3.周末在家时，请家长鼓励幼儿做些力所能及的事。如学习自己套枕套、晾衣服、擦桌子、整理自己的物品等。

## （四）亲子活动

### 亲子自制红色图书展

⭐ **活动目标**

1.初步了解制作红色图书的方法。
2.能围绕红色文化，用多种形式制作图书。
3.在参与亲子自制图书时体验制作图书的乐趣。

🕊 **活动准备**

1.经验准备：请家长带幼儿一起阅读红色经典故事，观看红色影视，或者带幼儿打卡红色教育基地并拍照，为制作图书做好经验准备。

2.物质准备：制作图书的纸、黏土，剪刀、水彩笔、蜡笔、与红色文化相关的照片，图书展背景、书架。

⭐ **活动过程**

1.向家长和幼儿介绍红色图书制作的活动意义，鼓励家长和幼儿积极参与活动。

2.家长与幼儿讨论确定红色图书的主题、内容和艺术形式。

（1）图书内容可以是红色故事，也可以是围绕展现红色文化的红色基地、红色物件、红色经典影视、歌谣、诗词等。

（2）艺术形式可以是绘画、摄影、泥塑、剪贴画、剪纸等，并结合幼儿的讲述和想法，用图文并茂的方式进行制作。

3.家长与幼儿利用各种材料制作红色图书。

4.布置"红色图书展"，展示家长与幼儿制作的红色图书，相互交流、分享阅读。

🎺 活动建议

1. 家长可以和幼儿聊一聊最喜欢哪一本红色图书，里面展示的是什么内容，为什么喜欢这本图书。

2. 把亲子制作的红色图书继续放在班级中展示，并开展图书漂流借阅活动。

## 八、主题评价

红色绘本故事《小英雄王二小》讲述了抗日战争时期王二小掩护乡亲和八路军后方机关的英雄事迹。本主题围绕该绘本展开，生成了"认识小英雄""歌颂小英雄""学习小英雄"三个子主题。我们首先通过读绘本、听故事、观看红色影视等形式，使幼儿更深入地了解英雄的故事；其次通过唱红歌、诵儿歌表达对英雄的崇敬之情；最后通过榜样激励，鼓励幼儿在体育游戏中敢于接受挑战、日常生活中乐于自我服务等，从中培养不怕困难、坚持不懈、自立自强的品质。与此同时，我们还通过家园共育，发动家长和幼儿一起了解当代英雄和时代楷模的英雄事迹，激发幼儿热爱英雄、学习楷模的情感；并且让家长带领幼儿走进红色教育基地，实地接受红色文化的熏陶。通过这个主题活动，幼儿不仅对红色文化产生了浓厚的兴趣，而且对各个时代的英雄萌发了深深的敬意，也为自己生活在幸福的年代而心怀感恩。一颗颗爱党爱国爱家的种子在幼儿的心里悄悄萌芽。

本主题活动目标达成情况可用检核表（见表3）进行评价。

表3 主题活动"小英雄王二小"检核表（4~5岁）

| 序号 | 目标 | 评价内容 | 幼儿发展 ▮ | ▮▮ | ▮▮▮ |
|---|---|---|---|---|---|
| 一 | 身体发展目标 | 1. 发展身体的平衡能力，提高动作的协调性和灵活性。 | | | |
| | | 2. 能够手膝着地匍匐爬。 | | | |
| | | 3. 能助跑跨跳过一定距离（高度）的物体，提高身体动作的灵活性和协调能力，发展下肢力量。 | | | |

（续上表）

| 序号 | 目标 | 评价内容 | 幼儿发展 ▐ | ▐▐ | ▐▐▐ |
|---|---|---|---|---|---|
| 二 | 认知发展目标 | 1. 熟悉王二小的故事，初步了解抗日战争的历史。 | | | |
| | | 2. 了解其他小英雄以及当代英雄或时代楷模的事迹。 | | | |
| | | 3. 知道幸福生活来之不易。 | | | |
| 三 | 社会性发展目标 | 1. 萌发崇敬英雄、学习楷模的情感。 | | | |
| | | 2. 知道自己的事情自己做，愿意承担任务并坚持完成。 | | | |
| | | 3. 能够克服运动和生活中的困难，坚持到底。 | | | |
| 评价补充 | | | | | |

## 九、主题资源

1. 电影《西柏坡2：英雄王二小》。
2. 歌曲《歌唱二小放牛郎》。
3. 绘本《小英雄王二小》。
4. 电影《闪闪的红星》。
5. 电影《鸡毛信》。
6. 电影《小兵张嘎》。
7. 歌曲《党是太阳我是花》。

# 大班主题活动：长征路上红小丫

## 一、主题说明

### （一）主题来源

红色文化蕴含着丰富的革命精神和厚重的文化内涵，是中华民族宝贵的历史遗产和精神财富。在红色故事会中，幼儿聆听了《长征路上红小丫》的故事，被红小丫不怕苦不怕累、乐观坚强的品质所感动折服，也对故事中的情节内容产生了探究的兴趣。"什么是长征？长征要经过哪些地方？为什么一定要过草地、翻雪山？什么是说快板、敲小鼓？红小丫生病后是怎么好起来的……"幼儿好奇地提出一个个疑问，于是我们围绕这些问题展开了探究和讨论。

### （二）设计意图

故事中的红小丫坚韧勇敢，跟着战士们过草地、翻雪山，生病了仍坚持行军。同时她多才多艺，给战士们的长征路上带来了许多欢乐，是战士们的"开心果"。《3-6岁儿童学习与发展指南》中大班幼儿的社会发展目标是：幼儿"在群体活动中积极、快乐""能关注别人的情绪和需要，并能给予力所能及的帮助""主动承担任务，遇到困难能够坚持而不轻易求助"。大班幼儿的艺术发展目标是："愿意和别人分享、交流自己喜爱的艺术作品和美感体验""艺术活动中能与他人互相配合，也能独立表现"。根据这些目标要求，基于《长征路上红小丫》绘本故事的主要情节及故事中的小主人公——红小丫乐观积极、勇敢坚强的性格特点，我们开展了"长征路上故事多""爱表演的红小丫""自强自立的红小丫"三个子主题活动，让幼儿通过生活和游戏养成积极乐观、不畏艰难、乐于助人、自信勇敢的良好品质。

（三）价值分析

中国工农红军长征，是中国革命史上的一次伟大壮举。长征不仅路途遥远，而且十分艰险。红军的生存和战争环境异常恶劣。但是故事中的红小丫在这样的环境中仍然保持积极向上的乐观心态，用歌声鼓舞士气，为战士们带来欢笑，生病了也坚持跟随队伍前进。这个主题活动，不仅让生活在幸福年代的幼儿了解了长征这段历史，学习红小丫身上珍贵的品质，同时也使他们懂得了要珍惜现在的幸福生活，进而萌发爱党爱国的情感。

## 二、主题目标

●身体发展

1. 经常保持愉快的情绪，表达情绪的方式比较适度，不乱发脾气。
2. 能在较热或较冷的户外环境中连续活动半小时以上。
3. 在走、跑、跳、钻、攀、爬等活动中发展平衡、协调能力，提高身体耐力。
4. 发展画、剪、折、粘等手部精细动作，能使用简单的劳动工具或用具。
5. 能主动参加体育活动，遵守活动规则并具有自我保护的意识和能力。

●认知发展

1. 熟悉故事《长征路上红小丫》的情节，了解红小丫的人物形象。
2. 了解长征的过程及艰辛，初步学会看懂路线图。
3. 能以自己和客体为中心辨别左右。
4. 寻找生活中的地图，能用符号表现地图中的山、河、树等物体，绘制地图。
5. 了解潮汕地区各个红色基地的英雄人物和重大事件。
6. 能在成人的帮助下制定简单的一周任务单、调查计划并执行。
7. 了解革命过程中涌现的小英雄及其事迹，能够根据故事情节绘制故事海报或连环画。

●社会性发展

1. 对红军战士不畏艰难、团结互助、勇往直前的革命精神及革命小英雄的事迹产生崇敬之情，萌发爱党爱国爱军的情感。
2. 发展积极乐观、不怕困难、勇于坚持的品质。

3. 能认真负责地完成自己所接受的任务。
4. 能用讲述、绘画、表演等多种形式大胆表现自己对故事的理解。
5. 能与同伴分工合作，遇到困难能一起克服。
6. 愿意为集体做事，能给予他人力所能及的帮助。
7. 能体会到父母养育自己的辛苦，主动为父母分担家务。

## 三、主题网络图

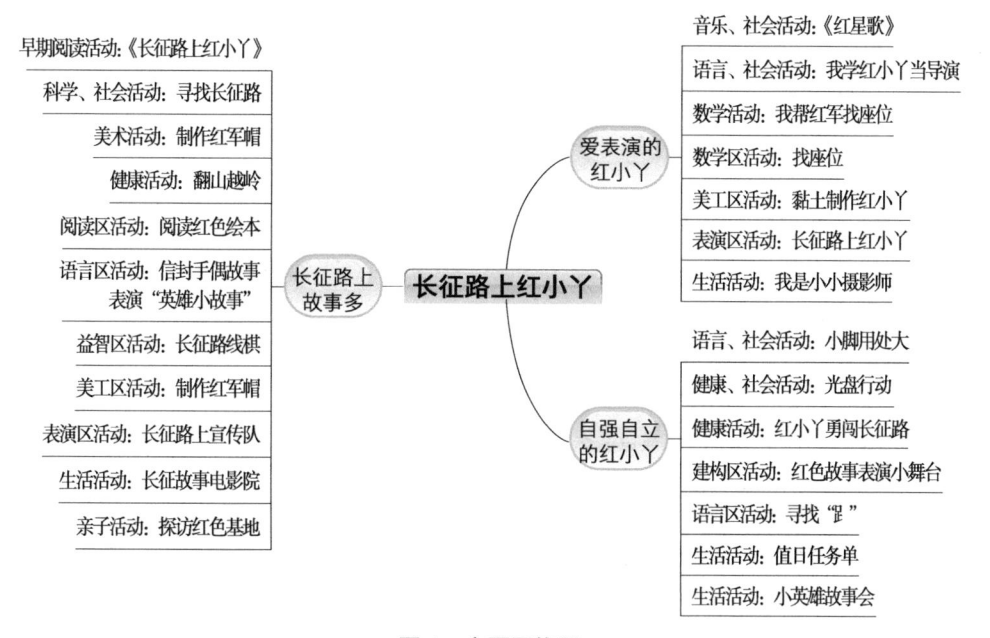

**长征路上故事多：**
- 早期阅读活动：《长征路上红小丫》
- 科学、社会活动：寻找长征路
- 美术活动：制作红军帽
- 健康活动：翻山越岭
- 阅读区活动：阅读红色绘本
- 语言区活动：信封手偶故事表演"英雄小故事"
- 益智区活动：长征路线棋
- 美工区活动：制作红军帽
- 表演区活动：长征路上宣传队
- 生活活动：长征故事电影院
- 亲子活动：探访红色基地

**爱表演的红小丫：**
- 音乐、社会活动：《红星歌》
- 语言、社会活动：我学红小丫当导演
- 数学活动：我帮红军找座位
- 数学区活动：找座位
- 美工区活动：黏土制作红小丫
- 表演区活动：长征路上红小丫
- 生活活动：我是小小摄影师

**自强自立的红小丫：**
- 语言、社会活动：小脚用处大
- 健康、社会活动：光盘行动
- 健康活动：红小丫勇闯长征路
- 建构活动：红色故事表演小舞台
- 语言区活动：寻找"是"
- 生活活动：值日任务单
- 生活活动：小英雄故事会

图 1　主题网络图

## 四、环境创设

### （一）班级整体环境创设

1. 故事海报展示墙：展示亲子制作的故事海报或连环画。
2. 红色文化主题墙：展示长征路线图，将幼儿的调查表及收集的相关图片按路线图中相应的地点进行呈现；展示幼儿与家长共同完成的红军长征伟大场景绘画手工作品；展示幼儿探访汕头红色交通站的所见所闻所感。
3. 故事人物形象展示区：展示幼儿利用各种材料自制的故事角色形象，如泥塑红小丫。

4.宣传标识展示墙：展示幼儿利用各种材料自制的光盘行动宣传标志。

## （二）区域与材料投放

1.阅读区：阅读红色绘本。

材料投放：《长征路上红小丫》等关于长征路上的红色绘本。

2.语言区。

（1）活动一：信封手偶故事表演。

材料投放：幼儿自制的信封手偶、音频、木偶台。

（2）活动二：寻找"阝"。

材料投放：以"阝"为偏旁的汉字卡片、实物图片。

3.数学区：找座位。

材料投放："小动物座位"底图和图卡、"第几排第几号"记录单。

4.美工区。

（1）活动一：制作红军帽。

投放材料：固体胶、折纸、红星状标识纸、红军帽折叠步骤示意图。

（2）活动二：黏土制作红小丫。

材料投放：色笔、剪刀、胶带、白纸、固体胶、超轻黏土等。

5.建构区：搭舞台。

材料投放：球体、圆柱体、长方体和正方体等积木、纸盒、牛奶罐等。

6.表演区。

（1）活动一：长征路上宣传队。

材料投放：红军帽、快板、红绸带、腰鼓等道具，相关音乐。

（2）活动二：长征路上红小丫。

投放材料：录音机、快板、腰鼓、绸带、红军服装等道具。

7.益智区：长征路线棋。

材料投放：幼儿自制长征路线图纸、两个不同颜色的塑料瓶盖、骰子、纸笔。

## 五、家园共育

1.家长与幼儿共同阅读有关长征路上的英雄故事，用图文并茂的方式制作故事海报。

2.与幼儿一起查找资料，协助幼儿完成"寻找长征路调查员"调查表。

3.家长带幼儿探访汕头红色基地，并与幼儿将所见所闻所感用绘画的形式记录下来。

4. 家长与幼儿进行红色绘本的亲子阅读，观看红色题材的电影，帮助幼儿感受革命的艰辛，军人英勇斗争、不怕牺牲的顽强意志和高尚的爱国情怀。

## 六、主题活动计划表

表1　主题活动计划表

| 周次 | 主题名称 | 目标 | 活动名称 | 活动形式 ||||
|---|---|---|---|---|---|---|---|
| | | | | 集体活动 | 区域活动 | 生活活动 | 亲子活动 |
| 第一周 | 长征路上故事多 | **身体发展：**<br>1. 初步掌握手脚交替攀爬的方法。<br>2. 运动时能注意安全，不给自己及他人造成危险。<br>**认知发展：**<br>1. 理解绘本《长征路上红小丫》的内容，感受红小丫不畏艰难、勇往直前的精神。<br>2. 能通过调查收集指定信息，并用图画和其他符号进行表征。<br>3. 能用数字、图画等形式记录长征路线。<br>4. 了解红军长征路上的感人故事。<br>5. 了解折叠红军帽的基本步骤，能看图示逐步完成红军帽的制作。<br>6. 了解潮汕地区各个红色基地的英雄人物和重大事件。<br>7. 能根据音乐《七律·长征》进行快板表演。<br>**社会性发展：**<br>1. 感受红军长征的艰辛，萌发对红军的崇敬之情。 | 《长征路上红小丫》（早期阅读） | ○ | | | |
| | | | 寻找长征路（科学、社会） | ○ | | | |
| | | | 制作红军帽（美术） | ○ | | | |
| | | | 翻山越岭（健康） | ○ | | | |
| | | | 阅读红色绘本 | | 阅读区 | | |
| | | | 信封手偶故事表演"英雄小故事" | | 语言区 | | |
| | | | 长征路线棋 | | 益智区 | | |
| | | | 制作红军帽 | | 美工区 | | |
| | | | 长征路上宣传队 | | 表演区 | | |

（续上表）

| 周次 | 主题名称 | 目标 | 活动名称 | 活动形式 ||||
|---|---|---|---|---|---|---|---|
| | | | | 集体活动 | 区域活动 | 生活活动 | 亲子活动 |
| 第一周 | 长征路上故事多 | 2. 乐意参与游戏，遵守规则，体验游戏中的快乐。 | 长征故事电影院 | | | ○ | |
| | | 3. 对科学实验感兴趣，并愿意动手动脑解决实验问题。 | 探访红色基地 | | | | ○ |
| 第二周 | 爱表演的红小丫 | 身体发展：<br>1. 能在队列练习中保持正确的站姿、走姿。<br>2. 能掌握韵律操的基本动作。<br>认知发展：<br>1. 学会有感情地演唱歌曲，感受歌曲旋律间雄壮有力与缓慢抒情的对比变化。<br>2. 认识并体会重音记号的作用。<br>3. 学会根据横排竖排的二维坐标确定座位的位置。<br>4. 加深对导演角色的认识和理解。<br>5. 能参与讨论并提出自己的想法，学会协商接纳同伴的意见，增强表达、沟通能力和表演技能。<br>6. 能用团圆、压扁、搓条等多种泥工技巧制作红小丫等故事人物形象。<br>7. 能用图画、符号等形式记录自己创编的故事内容。 | 《红星歌》（音乐、社会） | ○ | | | |
| | | | 我学红小丫当导演（语言、社会） | ○ | | | |
| | | | 我帮红军找座位（数学） | ○ | | | |
| | | | 找座位 | | 数学区 | | |
| | | | 黏土制作红小丫 | | 美工区 | | |

（续上表）

| 周次 | 主题名称 | 目标 | 活动名称 | 活动形式 ||||
|---|---|---|---|---|---|---|---|
| | | | | 集体活动 | 区域活动 | 生活活动 | 亲子活动 |
| 第二周 | 爱表演的红小丫 | **社会性发展：**<br>1. 感受红军勇敢团结的大无畏精神，萌发爱党爱国爱军之情。<br>2. 增强自信心和团队协作意识，体验角色游戏的乐趣。<br>3. 感受数学在生活中的有用和有趣。 | 长征路上红小丫 | | 表演区 | | |
| | | | 我是小小摄影师 | | | ○ | |
| 第三周 | 自强自立的红小丫 | **身体发展：**<br>1. 学会钻、跑、投掷、匍匐前进等动作的要领，掌握动作技能。<br>2. 能利用不同的动作通过各种障碍，安全闯过长征路。<br>**认知发展：**<br>1. 初步了解汉字构成的一般规律，知道以"足"为偏旁的汉字多与脚的动作有关。<br>2. 初步了解食物与健康的关系，了解光盘行动的意义和目的。<br>3. 能在师生探讨中了解故事的来龙去脉，明白人物之间的关系。<br>4. 对图画书和生活中的文字符号感兴趣，喜欢参与前识字活动。 | 小脚用处大（语言、社会） | ○ | | | |
| | | | 光盘行动（健康、社会） | ○ | | | |
| | | | 红小丫勇闯长征路（健康） | ○ | | | |
| | | | 红色故事表演小舞台 | | 建构区 | | |
| | | | 寻找"足" | | 语言区 | | |

（续上表）

| 周次 | 主题名称 | 目标 | 活动名称 | 活动形式 ||||
|---|---|---|---|---|---|---|---|
| | | | | 集体活动 | 区域活动 | 生活活动 | 亲子活动 |
| 第三周 | 自强自立的红小丫 | 社会性发展：<br>1.能与同伴共同解决困难，体验红军革命英雄不怕困难的精神。<br>2.愿意为集体、为他人做力所能及的事情，积极参与值日工作。<br>3.养成不怕苦、不怕累、爱劳动的好习惯。<br>4.明白幸福生活来之不易，增强对军人的崇敬之情和爱祖国、爱家乡的情感。 | 值日任务单 | | | ○ | |
| | | | 小英雄故事会 | | | ○ | |

## 七、主题活动设计

### （一）集体活动

#### 早期阅读活动：《长征路上红小丫》

⭐ 活动目标

1.理解故事内容和情节，感受红小丫活泼乐观、勇敢坚强的性格特点。

2.能参与对故事中人、事、物的讨论，初步学会完整讲述人物之间的对话。

3.初步了解长征，萌发对红军战士的爱戴、崇敬之情，明白今天的幸福生活来之不易。

⭐ 活动准备

1.经验准备：

（1）在故事会中已倾听过其他红色绘本故事，对革命时期中的一些历史事件及人物有初步的认识。

（2）日常通过看图片及视频，在教师的介绍下对红军长征的历史背景和意义有初步的了解。

2.物质准备：人手一本绘本故事、故事课件。

⭐ 活动过程

1.谈话导入，观察绘本封面引出故事。

（1）教师出示红小丫形象，激发幼儿听故事的兴趣。

教师用"红小丫"的口吻做自我介绍：大家好，我是红小丫，我是红军长征队伍里的一名小战士。

（2）教师出示图书，引导幼儿观察封面。

提问：这个故事叫什么名字呢？红小丫身上的装扮跟其他红军战士一样吗？哪里不同？为什么？

2.引导幼儿观察画面，帮助幼儿理解故事内容。

（1）幼儿自主阅读故事前半部分（第1~8页），并说说故事里讲了什么。

（2）根据幼儿的讲述，师幼逐页共阅第1~8页。

提问：红小丫参加红军的时候是几岁？她在部队里做了哪些事情？红小丫遇到了什么困难？你觉得她会怎样做？红小丫能战胜困难吗？（幼儿讨论、猜测故事后半部分的情节发展。）

（3）师幼共阅绘本后半部分（第9~16页）。

提问：红小丫生病了，红军战士们怎样照顾她？红小丫让大家把她留下时，同志们说了什么？来到雪山脚下，宣传队长说了什么？为什么要这样做？（引导幼儿观察画面细节，了解长征路上的艰难险阻。）

3.围绕重点内容开展活动，加深幼儿对故事内容的理解。

（1）鼓励幼儿说说自己对故事中人、事、物的看法，提出疑难点，师幼共同探讨。

提问：故事里有什么不清楚或不理解的地方（如唱山歌、说快板、辣椒水等）吗？

（2）集体讨论：你喜欢红小丫吗？为什么？红小丫身上有哪些优点值得我们学习？（幼儿讨论并交流各自的想法，个别幼儿分享自己的观点。）

4.完整阅读图书，欣赏故事。

幼儿一边翻阅图书，一边倾听配乐故事。

5.归纳图书内容，知道今天的幸福生活来之不易。

教师小结：红军在长征路上整整走了两年，行程约二万五千里，其间翻越了 18 座大山，跨过了 24 条大河，英勇奋战，不怕流血牺牲，最后终于解放了全中国，给我们带来了幸福生活。你们想对这些英勇的革命先辈说什么？

### 活动延伸

1. 阅读区：《长征路上红小丫》绘本阅读。
2. 表演区：说快板、敲小鼓、《长征路上红小丫》表演。
3. 美工区：自制小书《长征路上红小丫》，泥塑"红小丫"。
4. 日常生活中播放有关长征故事的纪录片或电影片段给幼儿观看。

### 活动建议

1. 活动过程中观察 PPT 故事画面的环节也可以改成把实物绘本放置在一体机展示台上，师幼逐页共阅。
2. 为了帮助幼儿更好地理解故事中提到的唱山歌、说快板、辣椒水等情节，可以在活动前播放有关此知识点的视频内容给幼儿观看，或让幼儿与家长一起查阅资料，丰富常识经验。

## 科学、社会活动：寻找长征路

### 活动目标

1. 了解红军长征的历史背景和意义。
2. 能用数字、图画等形式记录长征路线。
3. 感受红军长征的艰辛，萌发对红军的崇敬之情。

### 活动准备

1. 经验准备：幼儿已阅读过图书《长征路上红小丫》，有过记录调查表的经验，有设计路线图的经验，在完成"寻找长征路调查员"调查表中对长征路线有所了解。
2. 物质准备：图书《长征路上红小丫》中红小丫的图片、"寻找长征路调查员"调查表、长征视频、纸、笔若干。

### 活动过程

1. 谈话导入。
提问：这是谁？红小丫在长征路上经过了哪些地方？
2. 利用"寻找长征路调查员"调查表与他人分享自己所知道的长征路线

及其中发生的英勇事迹。

教师：除了雪山，长征还经过了哪些地方？请你拿着自己的调查表和身边的小伙伴讲讲你的调查结果。

提问：谁来跟我们分享自己的调查结果？

引导幼儿重点讲出调查表中所画路线的名称以及其中发生的感人事迹。

3. 结合视频展示，让幼儿进一步了解长征路线。

教师：除了小朋友们调查表中所画的路线，我们再来看看红军长征还经过了哪些路线。

4. 运用、迁移已有经验，绘制长征路线图，梳理长征路线。

提问：绘制路线图时我们一般会用什么作为线索？你会选择哪一种线索绘制长征路线图？请你找一个小朋友，与他协商后把你们的想法画出来。

幼儿两两结伴绘制长征路线图。

以小组为单位，借助一体机展示台展示幼儿设计的路线图，幼儿在班集体面前讲述自己关于所设计的路线图的内容和想法。

5. 引导幼儿讨论，了解红军长征的原因，感受红军长征的艰苦，表达自己的崇敬之情。

提问：红军长征的过程中有这么多的艰难险阻，红军为什么还要长征？

教师小结：红军叔叔、阿姨们在这么艰苦的条件下坚持走完了长征路，并最终取得长征的胜利。正因为有了他们，才会有我们今天幸福的生活。你想对他们说些什么话？

▶ **活动延伸**

1. 将幼儿设计的长征路线图全部展示在主题墙板块上，方便幼儿日常中进行交流。

2. 科学区：长征路线图。

3. "长征路上故事多"调查表。

▶ **活动建议**

1. 教师在引导幼儿了解长征路线时，应注意将事迹与地点互相对应进行讲解，使幼儿更容易理解。

2. 教师在展示幼儿的"寻找长征路调查员"调查表和长征路线图时，要引导幼儿比较、交流不同长征路线图。

## 美术活动：制作红军帽

### ⭐ 活动目标

1. 知道红军帽是红军的象征，认识红军帽的外形特点。
2. 了解折叠红军帽的基本步骤，能看图示逐步完成红军帽的制作。
3. 喜爱红军帽，体验折纸活动的乐趣。

### 🐦 活动准备

1. 经验准备：知道红军帽是红军长征行军时佩戴的帽子，有基本的看图示折纸的经验。
2. 物质准备：教学一体机、课件、固体胶、折纸、红星状标志纸。

### ⭐ 活动过程

1. 观察红军帽，摸摸红军帽，说说其特点，萌发对红军帽的喜爱之情与制作的兴趣。

提问：这是什么呀？它是什么颜色、什么样子的呢？摸起来是什么感觉？

教师：你们也想来做一顶红军帽吗？我们一起来看看制作的过程吧！

2. 观看课件，了解制作的基本过程，探讨重难点步骤的操作方法。

提问：红军帽制作需要用到什么材料？你觉得哪一个步骤比较难？

3. 看图示逐步折叠，对于重难点步骤，教师通过定格视频画面、反复讲解演示等方式帮助幼儿逐步习得正确的折叠方法。

幼儿人手一张正方形纸，通过观看视频中的示范及旁边的图示一步步折叠纸张，最后将红星标志用胶棒粘贴在红军帽前面的正确位置上。

重点指导步骤：

①撑开并折叠成双正方形。

②连在一起的角向上对着，第二次的折线即为正方形对角线。

③下方的角也向中间点折叠，再沿对角线折痕向上折叠，翻转后同样折一次。

④帽檐外侧两角需要往下折叠，使帽檐更加形象。

4. 戴军帽，唱红歌。

教师：小朋友们戴上自己做的红军帽真神气，我们来唱一首红军歌吧！

### 🚩 活动延伸

1. 美工区：投放折纸、固体胶、星星压花器、红军帽制作过程的步骤图示，鼓励幼儿继续自制大小不同的红军帽，并互相交流探索新的折叠方法。

2. 表演区：戴上自制的红军帽进行歌曲表演、绘本剧表演。

3. 日常生活中播放红军长征的相关纪录片或电影片段给幼儿观看。

### 活动建议

1. 每组桌面上投放实物红军帽，让幼儿近距离观察、直接触摸，加深幼儿对红军帽的特点认知，激发幼儿对红军帽的喜爱之情与创作的愿望。

2. 幼儿在看视频分解折纸步骤的过程中会出现个体差异，可鼓励幼儿互相帮助，进行小组合作，如正确完成每一个步骤的幼儿可以引导或协助邻座遇到困难的同伴。

## 健康活动：翻山越岭

### 活动目标

1. 初步掌握手脚交替攀爬的方法。
2. 能够找到着力点，保持身体平衡，安全翻越"山岭"。
3. 遇到困难能鼓足勇气，努力克服。

### 活动准备

1. 经验准备：幼儿有过手脚交替在攀爬网上攀爬的游戏经验。
2. 物质准备：场地设置（用铁架支撑垫子设置不同高度的"山"和"岭"），铁架、厚垫子、红旗、黄旗若干，装有沙子的沙盘两个。

### 活动过程

一、开始部分

热身律动：师幼随着音乐做律动，充分活动身体的肌肉、韧带与关节，为学习活动内容做好准备。

二、基本部分

1. 自由探索阶段。

（1）设置游戏情景，介绍场地布局。

教师：红军在长征的路上经常要翻山越岭，今天我们小红军也要重走长征路。瞧，前面这些高低不一的山岭，请你们自己尝试想办法翻越过去。

幼儿探索如何"翻越山岭"。

（2）引导幼儿自由尝试攀爬过垫子的方法，感受如何在攀爬中找到身体的着力点和平衡点。

（3）引导幼儿与同伴分享在翻越中遇到的困难，观察同伴是如何运用手脚交替攀爬的方法安全"翻越山岭"的。

2. 游戏阶段：翻越山岭。

玩法：所有幼儿分成人数均等的两组，同组幼儿每人手持一面同色的旗子，站在起跑线处准备。听到指令后第一个幼儿手持旗子翻越面前的一座座"山岭"，将旗子插到沙盘中再跑回起跑线，与第二名幼儿击掌后，第二名幼儿出发。依此反复，以最后一名幼儿先返回与第一名幼儿击掌的小组为胜。

规则：

（1）必须翻越面前的每座"山岭"，并将旗子插到自己组对应的沙盘中。

（2）与返回组员击掌后，接下来的组员方可出发。

3. 提升阶段。

在原有的路线上增设"山岭"，调整所搭"山岭"的高度和倾斜度以提升游戏的难度，提高幼儿的攀爬能力。

三、结束部分

小结：评价幼儿的表现。

在音乐声中，师幼一起做放松运动（做摇摇头、晃晃手、敲打四肢等放松动作，重点放松手臂和腿部等身体部位）。

▶ **活动延伸**

开展"我是攀爬小能手"体育活动，锻炼幼儿的攀爬能力。

▶ **活动建议**

根据幼儿的游戏水平，调整所搭"山岭"的高度和倾斜度。

## 音乐、社会活动：《红星歌》

★ **活动目标**

1. 学会有感情地演唱歌曲，感受歌曲旋律间雄壮有力与缓慢抒情的对比变化。

2. 认识并体会重音记号的作用。

3. 初步了解红军及红色文化，萌发爱国情感，传承爱国精神。

## 🔻 活动准备

1. 经验准备：幼儿已欣赏过进行曲、摇篮曲等性质的音乐，阅读过图书及观看过电影《闪闪的红星》。

2. 物质准备：教学一体机、视频、音频、表演道具（红绸、红星等）。

## ⭐ 活动过程

1. 播放歌曲，导入活动。

幼儿听音乐，学小红军行进的步伐律动。（播放歌曲《红星歌》）

教师：小朋友，你刚才听到的音乐是什么样的？（幼儿自由回答）

小结：这段音乐节奏很整齐，很有力，是带有进行曲风格的。

2. 欣赏音乐，学习歌曲。

（1）引导幼儿聆听歌曲，感受歌曲的情绪。（播放《红星歌》动画）

教师：《红星歌》是电影《闪闪的红星》的插曲。小朋友听了《红星歌》后有什么感受？你想到了谁？

提问：歌曲中哪些地方是一样的？哪些地方是不一样的？（前面和后面一样，中间不一样）

（2）学唱歌曲。

教师范唱，幼儿初步感受。

教师指导幼儿跟随钢琴伴奏音乐有节奏地朗诵歌词。

幼儿随音乐练唱歌曲。可采用集体、分组练习等方式，引导幼儿掌握歌曲的主旨部分，同时感受歌曲所表达的情感。

3. 表现歌曲，体会重音记号的作用。

教师：这是什么记号？（重音记号）它有什么作用呢？（能够加重情绪的表现）有重音记号的地方应该怎么唱？（引导幼儿在歌唱重音记号标记的地方时要更加坚定有力。）

幼儿随《红星歌》伴奏完整地演唱歌曲。教师提醒幼儿在演唱歌曲第三、四句时，注意旋律的变化。

4. 完整欣赏歌曲，创编动作并进行自主表演。

教师：《红星歌》唱出了小红军对红星的深情，表现了小红军对革命的忠诚。小朋友，你能不能用动作来表现出精神抖擞的小红军队列的形象呢？

幼儿自主创编动作。教师引导幼儿不仅可以用丰富的动作和表情表现歌曲，还可以用多种多样的道具来表现。

教师播放音乐，幼儿自由发挥进行表演。

### 活动延伸

1. 表演区：《红星歌》表演。
2. 国旗下演唱歌曲《红星歌》。
3. 日常中继续播放《闪闪的红星》电影片段给幼儿观看。

### 活动建议

1. 教师可以引导幼儿利用表演区里的乐器进行三段式音乐的演奏。
2. 教师在活动中可以播放《红星歌》相关影视片段，加深幼儿对歌词的理解。

## 语言、社会活动：我学红小丫当导演

### 活动目标

1. 初步了解导演的职责。
2. 能倾听和接受同伴的意见，不同意同伴意见时会说明理由。
3. 与同伴发生冲突时能通过协商解决。

### 活动准备

1. 经验准备：观看电影片段后，在谈话活动中了解导演的职责和工作内容，初步了解导演在电影或戏剧中的作用。
2. 物质准备：教学一体机、课件、平板、纸、笔、表演小道具、服装若干。

### 活动过程

1. 用红小丫引入活动，激发探究兴趣。

教师：小朋友，红小丫就像一个多才多艺的小演员，用歌声鼓舞士气，为战士们带来欢笑，生病了也坚持跟随队伍前进。今天我们也来学学红小丫，当小导演编排节目，好不好？那么，有谁知道导演是做什么的吗？

2. 观看课件，师幼探讨导演的基本职责和工作内容。

提问：视频里面导演需要做哪些事情？（如研究剧本、遴选演员、分配角色、选景、拍摄等）

教师：在分配角色后，导演是怎样指导演员表演的？

3. 通过讨论，明确"我是小导演"活动开展的方式。

提问：如果请你来当小导演，你会选什么故事作为表演的内容？然后你还会怎么做？（请几名幼儿发表自己的想法）

4.分组合作，协商分配，再集中交流。

教师：有了想法，咱们就来行动吧！大家自由找同伴进行组合，然后协商推选出小导演。小导演需要决定表演的内容，再分配好组里每个人员的角色。桌上有纸和笔，大家如果需要做记录或做规划都可以用。等会儿咱们再汇合，说说你们的商量结果。

教师：现在请每个表演小组的导演上来说说你们的表演内容和角色分配。（"小导演"讲述自己的表演内容和角色分配）

5.选取场地，自主开展小组创作与编排表演，教师巡回拍摄表演过程或片段。

教师：请各组自己选一个场地开始你们的表演。小导演要做好指导工作。

（1）教师鼓励"小导演"发挥自己的创意，适时指导"小演员"表演，并积极与演员互动，如讨论情节设定、台词对话、肢体动作、表情管理、情绪表达等表演细节。

（2）教师为需要道具的小组提供一定的材料支持，缺少的材料可在延伸活动或以后的区角活动中鼓励幼儿自制。

6.表演展示。

教师：现在，我们请各组小导演带领演员上台表演。

表演结束后，教师带领大家为表演者鼓掌，提供积极的反馈。

7.分享与总结。

提问：请小导演来说说自己当导演的感觉和想法，比如有没有遇到什么困难，后来怎样做的，等等，和大家分享一下感受和收获。

教师：大家都尝试了当导演和演员，和红小丫一样棒！下次，咱们再把角色换一换，让更多的小朋友来当小导演，编排出更多的新故事。

▶ 活动延伸

1.美工区：投放各式材料，幼儿可根据表演需要自制道具或装饰服装，以及图文并茂地创作小剧本。

2.表演区：继续开展"我学红小丫当导演"游戏活动，提升创作、表达、表演、合作的能力。

3.日常活动中鼓励幼儿当小小摄影师，对表演内容进行自由拍摄，方便分享和展示表演活动。

4.日常生活中继续播放一些有关导演职业的其他工作内容小片段给幼儿观看。

### 活动建议

1.幼儿如果在分组推选小导演时出现选人困难的情况,教师可及时引导幼儿通过自我推荐、投票选举或猜拳决定等多种方式解决问题。

2.小组活动中,如果小导演在决定故事表演内容时出现犹豫不决的情况,教师可引导同组其他幼儿进行补充探讨,也可引导幼儿先从最近听过的《长征路上红小丫》这个故事中的某些片段入手开展小组表演,适时给予幼儿建议。

3.如果活动时间过长,此活动也可分成两个课时开展,如从第五个环节开始设置在延伸活动或第二课时中开展。

## 数学活动:我帮红军找座位

### 活动目标

1.理解横排竖列的区别,能用二维坐标确定位置。
2.能仔细观察二维坐标,并会用"第几排第几座"表述自己找到的位置。
3.感受数学在生活中的有用和有趣。

### 活动准备

1.经验准备:日常生活中排队时,在教师的引导下会排多列队形。
2.物质准备:"帮红军找座位"底图和图卡,笔和自制"第几排第几座"记录单人手一份,双面胶。

### 活动过程

1.玩"帮红军找座位"的游戏。
(1)教师出示"帮红军找座位"的底图,并提出问题情境。
导语:演出就要开始了,我们邀请红军叔叔和阿姨都坐到自己的座位上,可是有几个红军忘记自己的位置了。
(2)请幼儿自选底图并说出他的座位号。
教师:你们能看懂这张图吗?请选择一位坐好的红军,告诉大家他在"第几排第几座",并说说你是怎么知道的。

（3）根据红军的座位号将忘记位置的红军送回到他的座位上。

2. 与教师共同调整座位，初步感受二维坐标。

（1）引导幼儿思考调整座位的方法。

提问：你想亲手排列自己的座位吗？怎么调整呢？

（2）师幼共同调整座位，将椅子排成每排 8~10 张，一共 3~4 排。

（3）鼓励幼儿用自己的方式表达想坐的座位位置。

提问：你希望坐在哪个座位上？

（4）幼儿表达自己的想法，并倾听同伴的表达，随后进行讨论，知道用"第几排第几座"表述位置会更清楚。

提问：怎样才能说清楚这个座位的位置呢？

3. 学习用"第几排第几座"进行表达，进一步理解二维坐标。

（1）幼儿讨论，确定第一排和第一个座位的位置。

（2）请幼儿讲述自己想坐的位置，其他幼儿指出该座位，相互检查，进一步理解"第几排第几座"所表示的位置。

（3）请幼儿指出某一个座位，其他幼儿用语言表述该座位的位置。

4. 给座位写座位号，巩固对二维坐标的理解。

（1）教师出示"第几排第几座"记录单，请幼儿观察，并组织幼儿讨论怎样记录每个座位的号码。

（2）幼儿分工合作，给每个座位写上座位号，并用双面胶粘贴在座位背面。

（3）请幼儿相互检查座位号是否正确，对有疑问或不正确的座位号进行讨论和改正。

▶ 活动延伸

1. 在日常生活中调整幼儿的座位，请幼儿按座位号就座。可以隔一段时间调整一次座位。调整座位时，幼儿可以轮流自选。

2. 和幼儿讨论电影院座位的排列方法。

3. 阅读区：对图书架上图书的摆放位置进行标注，例如第 1 排第 2 本、第 3 排第 4 本等。幼儿按标注进行收放整理。

4. 数学区：操作单《找座位》创设了动物看电影的情境，其中有 4 个小动物没有找到座位，请幼儿帮助它们找到各自的座位，并将动物贴纸贴在对应的座位上。

## 语言、社会活动：小脚用处大

### ⭐ 活动目标

1. 初步了解汉字构成的一般规律，知道以"𧾷"为偏旁的汉字多与脚的动作有关。
2. 了解脚的作用，说出脚能做出的动作。
3. 对图画书和生活中的文字符号感兴趣，乐于参与前识字活动。

### ⭐ 活动准备

1. 经验准备：教师利用日常生活中与幼儿的谈话，使幼儿了解小脚可以做很多的事情（如踢球、跳舞、跑步……）。
2. 物质准备：教学课件（踢、跑、跳、蹲、踮、踏等动作的图片及其汉字），以"𧾷"为偏旁的汉字卡片，连线图人手一份，音频《碰碰舞》《踏踏小脚跳一跳》。

### ⭐ 活动过程

1. 运用歌曲《踏踏小脚跳一跳》导入，激发幼儿的兴趣。

聆听歌曲做韵律操《踏踏小脚跳一跳》，提问：脚能做很多不同的动作，它是我们身体的重要组成部分，你的脚会做什么动作呢？

2. 播放课件，引导幼儿观察并寻找汉字规律。

（1）播放视频，引导幼儿观察画面中呈现的脚部动作并进行模仿。

提问：请小朋友仔细看一看，说一说他用脚做了什么动作。（踢球、跳绳、跑步等）你能模仿他做的动作吗？

（2）教师根据幼儿的描述出示相应的汉字卡片。

（3）讨论字形，寻找所示字卡的相同点。

提问：你们有没有发现这些字有一个共同的小秘密？谁能找到这个小秘密？

提问：为什么这些汉字都有"𧾷"呢？这个"𧾷"表示什么意思？（都是用脚做出的动作）

小结：因为这些汉字所表示的动作都是用脚做出来的，所以都有一个"𧾷"。

（4）寻找与"𧾷"有关的汉字，了解"𧾷"与脚的关系。

提问：小朋友的小脚真能干，它还可以做哪些事情？

幼儿边回答，教师边出示汉字卡片，进一步启发幼儿寻找更多带有

"𧾷"的汉字。

小结：汉字真有趣，很多用脚完成的动作写成汉字都带有一个"𧾷"，但是"𧾷"不是一个独立的汉字，它是一个偏旁，和其他字组合到一起就会变成一个新的字宝宝。

3.利用游戏巩固对几个常见的有"𧾷"汉字的认识。

（1）创编歌曲"小脚"。

玩法：幼儿看着汉字卡片来创编歌曲，并做出相应的动作。

（2）看一看、做一做。

玩法一：用课件随机出示"跑""跳""踢"等几个汉字，全体幼儿根据出示的汉字读出读音，并做出相应的动作。

玩法二：幼儿分成两组进行竞赛，以答对汉字获得星星数量多的小组为胜。

4.音乐游戏《碰碰舞》，结束活动。

游戏玩法：幼儿分成两组，佩戴不同的胸饰（有的是汉字卡片，有的是动作图片）。伴随着《碰碰舞》的音乐，佩戴汉字卡片与动作卡片的幼儿一一对应起来，组成一对。

## 活动延伸

1.继续寻找生活中带"𧾷"偏旁的汉字，比比谁找得最多。

2.在语言区投放字卡和图卡，供幼儿进行配对。

3.家园共育：家长可在日常生活中引导幼儿发现其他汉字的构成规律，并寻找生活环境中有相同偏旁的汉字，以激发幼儿对汉字的兴趣。

## 活动建议

1.活动中可根据幼儿的不同认知能力调整字卡的数量。

2.在音乐游戏中，可根据幼儿配对的快慢调整音乐的次数。

### 健康、社会活动：光盘行动

## 活动目标

1.了解光盘行动的意义，知道食物来之不易。

2.能说出身边的浪费行为，并设计光盘行动宣传标志。

3.萌发珍惜粮食的意识，养成勤俭节约的好习惯。

### 活动准备

1. 经验准备：幼儿已阅读过故事《金色的鱼钩》，有设计图标的经验。

2. 物质准备：故事《金色的鱼钩》中红军挨饿的图片，"生活中的浪费行为"PPT，光盘行动公益广告视频，卡纸、彩笔、剪刀、双面胶纸等若干。

### 活动过程

1. 情境导入，激发学习兴趣。

（1）提问：这是谁？老班长为什么最后牺牲了？

（2）幼儿自由表达自己的想法。

（3）教师小结：原来在长征的时候食物是这么的珍贵！

2. 发现身边浪费粮食的行为。

（1）播放"生活中的浪费行为"PPT，提问：他们在干什么？你发现了哪些浪费粮食的行为？

（2）提问：你还发现了自己身边有哪些浪费粮食的行为？引导幼儿结合自身经验讲述自己发现的浪费现象。

3. 结合视频的展示，让幼儿了解什么是光盘行动及其意义。

（1）播放光盘行动公益广告视频，提问：什么是光盘行动？光盘行动的目的是什么？

（2）提问：让我们也参与到光盘行动中来，想想自己平时可以怎样做？引导幼儿结合自身经验讲述自己可以如何践行光盘行动。

4. 制作光盘行动宣传标志，助力光盘行动。

（1）发出制作倡议，引起幼儿的制作兴趣。教师：我们除了自己践行光盘行动，还可以跟我们身边的人宣传光盘行动，并送上我们制作的光盘行动宣传标志。

（2）幼儿利用活动所提供的材料设计光盘行动宣传标志。

（3）借助一体机展示台展示幼儿设计的光盘行动宣传标志，请幼儿在集体面前讲述自己设计的图标所蕴含的意义。

5. 我是"光盘行动宣传员"。

教师：现在我们一起来做"光盘行动宣传员"。请带上我们设计的标志，走出教室，向其他人宣传光盘行动吧！

幼儿向他人宣传光盘行动，并为他人贴上自己制作的光盘行动宣传标志。

▶ 活动延伸

1. 将幼儿设计的光盘行动宣传标志展示在主题墙板块上，方便幼儿在日常中进行交流。
2. 在美工区绘制光盘行动宣传标志。
3. 在生活中引导幼儿践行光盘行动，同时做个"光盘行动宣传员"。

✏ 活动建议

1. 教师可结合本班幼儿在生活中存在的浪费行为制作"生活中的浪费行为"PPT。
2. 教师可让"光盘行动宣传员"自行选定所要宣传的对象。

## 健康活动：红小丫勇闯长征路

⭐ 活动目标

1. 学会钻、跑、投掷、匍匐前进等动作的要领，掌握动作技能。
2. 能利用不同的动作通过各种障碍，安全闯过长征路。
3. 能与同伴共同解决困难，体验革命英雄不怕困难的精神。

⬇ 活动准备

1. 经验准备：幼儿有过钻、跑、投掷、匍匐前进等游戏经验，幼儿分组制定规则。
2. 物质准备：平衡木、皮筋、木板、木梯、轮胎、地垫、攀爬架、纸球、龟壳玩具、泡沫垫、纸、彩色笔、麻绳、音乐等。

⭐ 活动过程

一、开始部分

热身运动：幼儿跟着音乐学做红军的动作，如打枪、投手榴弹、跨过地雷区、向上跳、下蹲等。

二、基本部分

1. 探索阶段。

（1）设置游戏情景，介绍场地布局。

教师导入：红军叔叔非常伟大，穿火线、炸碉堡、爬雪山、飞夺泸定桥，最后取得了胜利。让我们也变身小红军红小丫，一起挑战长征路吧！

（2）引导幼儿分散探索不同的游戏主题，鼓励幼儿自由尝试钻、跑、投掷、匍匐前进的方法。

（3）师幼共同小结各种前进动作的要领，并通过练习掌握不同的动作技能。

（4）引导幼儿与同伴分享在游戏中遇到的困难，观察同伴如何用正确的动作通过相应的障碍。

2.游戏阶段：红小丫勇闯长征路。

游戏分为3个主题：穿越封锁线、爬雪山、过草地。

（1）穿越封锁线。幼儿匍匐前进穿越"电网"，即在不触动皮筋网的情况下匍匐前进，然后拿起武器"手榴弹"（纸球）破坏敌人的"封锁线"。（将纸球投进轮胎圈中即表示本轮过关）

（2）爬雪山。幼儿爬过攀爬墙，在有一定难度的独木桥（木板、竹梯搭建）上行走，不能掉落下来，最后爬上攀爬架。

（3）过草地。幼儿通过传递方块泡沫垫的方式一起穿过草地，再利用龟壳当小船，拉着麻绳通过"沼泽地"，最后行走过一段小石墩（用龟壳替代石墩）。

规则：组长抽签决定本组幼儿先进行哪一个主题活动，必须在每一位幼儿都完成后才能进行下一个主题活动，每选择一个主题活动都可以得到相对应的游戏分值，最后计算每组总分。

三、结束部分

1.师幼在音乐声中一起做放松活动。

2.教师与幼儿进行游戏回顾、总结。

游戏总结：活动中，我们一起创造体验了红军长征途中哪几个重要的场景？在这个过程中遇到哪些困难？你们是如何克服这些困难的？你们觉得自己的表现怎么样？

幼儿整理、收放游戏器材。

🚩 **活动延伸**

1.继续开展"勇闯长征路"的体育活动，锻炼幼儿动作的灵活性。

2.通过绘画、记录等方式设计重走长征路的体育游戏。

📯 **活动建议**

1.当幼儿对动作掌握较熟练后，游戏内容可由易到难，逐层深入，让幼儿自主调整游戏难度。

2. 教师在组织活动时，可采用小组活动、集体活动等多种形式交替进行，注重个体差异。

3. 本游戏活动内容较多，对场地的大小也有较高要求，如果条件有限，可以分环节多次进行游戏，或对游戏环节进行取舍。

## （二）区域活动

表2　区域活动

| 区域 | 活动内容 |
| --- | --- |
| 阅读区 | **活动：阅读红色绘本**<br>**主要经验**<br>阅读图书，了解长征路上的英雄故事。<br>**活动准备**<br>有关长征的红色绘本。<br>**观察与指导要点**<br>1. 能选择自己感兴趣的红色绘本进行逐页阅读。<br>2. 能用自己的语言讲述观察到的画面内容，并与同伴进行分享。<br>3. 能利用绘画、表演等方式表征图画书中自己感兴趣或印象深刻的内容。 |
| 语言区 | **活动一：信封手偶故事表演"英雄小故事"**<br>**主要经验**<br>能根据之前已有的手偶表演经验，借助表演加深对红色绘本故事的理解。<br>**活动准备**<br>幼儿自制的信封手偶、音频、木偶台。<br>**观察与指导要点**<br>1. 鼓励幼儿积极与同伴协商进行角色分配。<br>2. 引导幼儿根据故事的需求准备道具，布置相应的故事小场景。<br>3. 引导幼儿创编自己扮演的角色动作和相应的角色对话。<br>**活动二：寻找"𧾷"**<br>**主要经验**<br>了解脚的动作及与脚的动作有关的带"𧾷"的字，能做出相应的动作。<br>**活动准备**<br>以"𧾷"为偏旁的汉字卡片、实物图片。<br>**观察与指导要点**<br>1. 引导幼儿发现汉字的共同点，找出相应的汉字与图片配对。<br>2. 能根据图片中的汉字做出相应的动作。 |

（续上表）

| 区域 | 活动内容 |
| --- | --- |
| 数学区 | **活动：找座位**<br>**主要经验**<br>巩固对二维坐标的理解。<br>**活动准备**<br>"小动物找座位"底图和图卡、"第几排第几号"记录单。<br>**观察与指导要点**<br>1. 引导幼儿说清楚座位位置，并在给座位写座位号的过程中巩固对二维坐标的理解。<br>2. 尝试运用序数的经验寻找座位。<br>3. 会用"第×排第×个座位"表述自己找到的结果。 |
| 美工区 | **活动一：制作红军帽**<br>**主要经验**<br>能够看懂折纸图示，运用对角折、对边折等折纸技巧，按图示折叠出红军帽。<br>**活动准备**<br>固体胶、折纸、红星状标志纸、红军帽实物、红军帽折叠步骤示意图。<br>**观察与指导要点**<br>1. 引导幼儿观察红星帽的外形特征，了解红军帽的基本构造。<br>2. 引导幼儿根据图示逐步折叠出红军帽的大致外形，并在帽子的相应位置粘贴上红星。<br>3. 鼓励幼儿在制作完成后与同伴互相展示自己的作品。<br>**活动二：黏土制作红小丫**<br>**主要经验**<br>1. 学会用搓圆、压扁、揉、捏、贴等技能制作红小丫的形象，提高动手能力、观察力和想象力。<br>2. 了解小红军红小丫不怕苦、不怕难、永不放弃的优秀品质，传承长征精神。<br>**活动准备**<br>泥工板、彩色超轻黏土、切割工具、剪刀、牙签、瓶盖、麻布等辅助材料。<br>**观察与指导要点**<br>1. 观看红小丫的图片，引导幼儿观察红小丫的人物形象和主要特征。<br>2. 出示彩色超轻黏土，引导幼儿用黏土和工具制作红小丫，鼓励幼儿大胆表现红小丫的表情和姿态，并给予指导和提醒。<br>3. 幼儿展示自己制作的红小丫作品，并与同伴互相欣赏、评价。 |

（续上表）

| 区域 | 活动内容 |
| --- | --- |
| 建构区 | **活动：红色故事表演小舞台**<br>**主要经验**<br>合理利用各种搭建材料，搭建出设计图中的小舞台。<br>**活动准备**<br>球体、圆柱体、长方体和正方体等积木，纸盒、牛奶罐等废旧材料。<br>**观察与指导要点**<br>1. 引导幼儿根据主题内容绘制舞台设计图纸。<br>2. 引导幼儿与同伴分工合作，用各种材料进行组装拼搭。<br>3. 鼓励幼儿与同伴介绍和分享小组作品。 |
| 表演区 | **活动一：长征路上宣传队**<br>**主要经验**<br>根据音乐《七律·长征》进行快板表演，并协商表演的先后顺序及队形变化。<br>**活动准备**<br>录音机、红军帽、快板、红绸带、腰鼓。<br>**观察与指导要点**<br>1. 引导幼儿掌握快板的用法。<br>2. 引导幼儿边念诵边有节奏地打快板。<br>3. 鼓励幼儿自主协商表演队伍的排列及队形的变化，大胆表演。<br>**活动二：长征路上红小丫**<br>**主要经验**<br>理解、熟悉故事内容及人物对话，能协商分配角色，学会用生动的表情、动作表演故事。<br>**活动准备**<br>录音机、快板、腰鼓、绸带、红军服装等道具。<br>**观察与指导要点**<br>1. 推选出小导演，在小导演的带领下协商分配角色。<br>2. 引导幼儿讨论如何运用语调、表情、动作等表现人物对话。<br>3. 鼓励幼儿创编故事表演中的红绸舞动作。<br>4. 鼓励幼儿积极交流表演感受和碰到的难题，商讨解决对策。 |

（续上表）

| 区域 | 活动内容 |
| --- | --- |
| 益智区 | **活动：长征路线棋**<br>**主要经验**<br>设计红军长征路线棋，寻找长征的起点，根据目的地选择相应的路线到达终点。<br>**活动准备**<br>幼儿自制长征路线图纸、两个不同颜色的塑料瓶盖、骰子、纸笔。<br>**观察与指导要点**<br>1. 鼓励幼儿自己设计长征路线棋，在棋盘上画出长征所经过的雪山、草地、铁索桥等障碍。<br>2. 引导幼儿两两游戏，轮流掷骰子，并按照骰子上的点数操作棋子向前走对应步数，先安全到达终点者获胜。 |

## （三）生活活动

### 长征故事电影院

★ **主要经验**

通过观看长征系列的影片或片段，了解红军长征的基本路线和艰难行军过程，感受红军不怕远征难的大无畏精神，增强对军人的崇敬之情和爱祖国、爱家乡的情感，明白现在的幸福生活来之不易。

▶ **组织与指导要点**

1. 结合红色绘本故事筛选适合幼儿年龄特征、理解能力的优秀长征故事影片，采用分段播放或截取片段播放的方式，利用多媒体播放设备（教学一体机或投影设备等）进行播放。

2. 结合谈话活动引导幼儿汲取影视中的有效信息，引导幼儿说出主要情节和人物之间的关系，帮助幼儿明辨是非，理解其中的道理，并感受长征路上的艰辛，红军勇敢坚韧、奋勇前进的顽强意志和高尚的爱国情怀，懂得珍惜今天的幸福生活。

3. 把控好观影的时间和座位距离，建议用投影设备播放。

## 我是小小摄影师

⭐ **主要经验**

了解摄影的基本步骤，在家长的引导下学会用手机拍摄亲子参观红色文化基地活动的照片，学会细致观察，体验摄影的乐趣，乐意分享自己的经历与感想，加深对本土红色文化的了解。

🚩 **组织与指导要点**

1. 在家长的引导下学会使用手机拍摄照片的方法，在亲子参观红色文化基地（如潮汕历史文化博览中心、汕头博物馆、小公园、汕头开埠文化陈列馆等）时能仔细观察并用手机拍摄自己印象深刻的场景、人物或物品，在父母的帮助下将所拍照片上传到班群。

2. 日常生活中借助一体机播放幼儿参观红色文化基地时的摄影作品，鼓励幼儿讲述自己的照片内容，说说自己参观时的收获、感受。教师一对一倾听并记录。

3. 将幼儿的摄影作品彩印出来展示在红色文化主题墙面，鼓励幼儿在日常生活中互相交流。

## 值日任务单

⭐ **主要经验**

1. 能积极参与值日工作，掌握一定的劳动技能，增强劳动任务意识和责任感。

2. 愿意为集体、为他人做力所能及的事情，养成不怕苦、不怕累、爱劳动的好习惯。

🌱 **活动准备**

值日任务单、值日生牌。

🚩 **组织与指导要点**

1. 教师与幼儿一起商讨值日任务的内容并制定值日任务单。
2. 教师引导幼儿根据值日任务单与同伴协商、分工、合作完成任务。
3. 幼儿参与值日任务，教师及时给予提醒和指导。

4. 鼓励幼儿互相交流自己的劳动任务和成果。

### 小·英雄故事会

⭐ **主要经验**

观察画面，倾听故事，在师生探讨中了解事件的来龙去脉，明白人物之间的关系，提高明辨是非的能力，感受抗战的艰辛和军人英勇斗争、不怕牺牲的顽强意志和高尚的爱国情怀，明白幸福生活来之不易，增强对军人的崇敬之情和爱祖国、爱家乡的情感。

🍃 **活动准备**

教学一体机、红色绘本故事、相关红色文化音频。

🚩 **组织与指导要点**

1. 借助教学一体机展示台展示红色文化绘本故事，引导幼儿逐页观察画面。教师设置有效提问帮助幼儿积极思考，逐步深入理解故事内容。

2. 教师利用餐前、午睡前或离园前等日常时间，讲述革命时期的小英雄故事或播放红军故事音频，最后让幼儿说说故事的主要内容。

3. 鼓励幼儿将家中的革命小英雄故事绘本带来参与故事会的分享，并在集体面前大胆讲述故事。

## （四）亲子活动

### 探访红色基地

⭐ **活动目标**

1. 了解潮汕地区各个红色基地的英雄人物和重大事件。
2. 萌发热爱家乡、热爱祖国的情感，增强亲子间的情感交流与互动。
3. 学会仔细观察与认真倾听，大胆表达自己的体验与感受。

🍃 **活动准备**

1. 物质准备：亲子活动手册（包含红色基地介绍、互动问答等），小国旗每人一面，画笔和纸张若干。

2. 知识准备：提前和家长沟通参观活动的目的和流程，鼓励家长与孩子一起做好参观前的知识准备、经验准备和心理准备。

3. 场地准备：提前确定探访的红色基地并联系基地工作人员，了解基地的开放时间和注意事项。

⭐ **活动过程**

1. 探访前准备。

家长和幼儿按时到达集合地点，签到并领取亲子活动手册和小国旗。教师交代探访基地的安全注意事项。

2. 探访红色基地。

（1）教师根据参加人数将家庭分成若干小组，每组由一位家长志愿者带领。

（2）教师带领幼儿与家长探访红色基地，由基地讲解员介绍有关的历史事件和英雄人物，引导幼儿仔细观察和认真倾听。

（3）鼓励幼儿谈论自己探访红色基地的体验与感受，加深对红色文化的理解。

3. 亲子红色主题绘画。

（1）组织家长和幼儿在基地休息区进行亲子红色主题创作，绘画"我心中的英雄"。

（2）鼓励幼儿大胆展示和讲述自己的作品，并与同伴互相分享。

4. 活动结束。

（1）颁发纪念品：为每位家长和幼儿颁发纪念品（如红色主题书签、红色徽章等）。

（2）大合影留念：全体家长和幼儿手持小国旗，在红色基地前合影留念，记录这难忘的时刻。

✏️ **活动建议**

1. 在幼儿园内设置展览区，展示幼儿和家长共同创作的红色主题绘画作品。

2. 鼓励家长回家后与幼儿一起继续学习红色文化，如共同观看红色影视作品、阅读红色书籍等。

## 八、主题评价

本主题来源于幼儿非常喜欢的红色绘本故事《长征路上红小丫》。红小丫不怕苦不怕累、乐观坚强的形象让幼儿感动和折服，同时也让幼儿对"长征"背景等相关知识产生了进一步了解的兴趣。以此为契机，我们开展了系列相关活动，生成了"长征路上故事多""爱表演的红小丫""自强自立的红小丫"三个子主题。幼儿通过阅读、操作、实践、参观、调查、表演等多种方式，在沉浸式学习活动中，追忆长征这段峥嵘岁月，了解长征的艰辛及长征路上的英雄故事，领悟革命先烈不怕牺牲、百折不挠、勇往直前的红军精神，并将这种精神延伸到日常中，学习革命英雄榜样，敢于直面生活中的小困难、小挑战，学会乐观、从容、冷静地面对问题，学会通过独立思考和合作协商解决遇到的问题，养成开朗自信的性格和自立坚忍的意志品质，在了解到那段充满战火硝烟的历史后更懂得珍惜现在的幸福生活，在幼小的内心埋下一颗热爱祖国、感恩祖国、勇于奋斗、乐于助人的红心苗。

本主题活动目标达成情况可用检核表（见表3）进行评价。

表3 主题活动"长征路上红小丫"检核表（5~6岁）

| 序号 | 目标 | 评价内容 | 幼儿发展 ▎ | ▎▎ | ▎▎▎ |
|---|---|---|---|---|---|
| 一 | 身体发展目标 | 1. 初步掌握手脚交替攀爬的方法。 | | | |
| | | 2. 能掌握韵律操的基本动作。 | | | |
| | | 3. 学会钻、跑、投掷、匍匐前进等动作的要领，掌握动作技能。 | | | |
| | | 4. 运动时能注意安全，不给自己及他人造成危险。 | | | |
| 二 | 认知发展目标 | 1. 理解绘本《长征路上红小丫》的内容，能讲述其主要情节。 | | | |
| | | 2. 能用数字、图画等形式记录长征路线。 | | | |
| | | 3. 了解折叠红军帽的基本步骤，能看图示逐步完成红军帽的制作。 | | | |

（续上表）

| 序号 | 目标 | 评价内容 | 幼儿发展 ▬ | ▬▬ | ▬▬▬ |
|---|---|---|---|---|---|
| 二 | 认知发展目标 | 4. 能有感情地演唱歌曲，能说出歌曲的情感变化。 | | | |
| | | 5. 能根据横排竖排的二维坐标确定座位的位置。 | | | |
| | | 6. 初步了解导演的职责和工作内容。 | | | |
| | | 7. 初步了解食物与健康的关系，了解光盘行动的意义和目的。 | | | |
| | | 8. 能通过调查收集指定信息，并用图画和其他符号进行表征。 | | | |
| | | 9. 能用图画、符号等形式记录自己创编的故事内容。 | | | |
| | | 10. 初步了解汉字构成的一般规律，知道以"足"为偏旁的汉字多与脚的动作有关。 | | | |
| 三 | 社会性发展目标 | 1. 感受红军长征的艰辛，感受红军勇敢团结的大无畏精神，萌发爱党爱国爱军之情。 | | | |
| | | 2. 增强自信心和团队协作意识，体验角色游戏的乐趣。 | | | |
| | | 3. 愿意为集体、为他人做力所能及的事情，养成不怕苦、不怕累、爱劳动的好习惯。 | | | |
| | | 4. 知道光盘行动人人有责，初步养成勤俭节约、不浪费粮食的好习惯。 | | | |
| | | 5. 能与同伴共同解决困难，体验革命英雄不怕困难的精神。 | | | |
| 评价补充 | | | | | |

## 九、主题资源

1. 绘本《长征路上红小丫》。
2. 电影《长征》。
3. 电影《万水千山》。
4. 电影《突破乌江》。
5. 歌曲《红军不怕远征难》。
6. 诗歌《七律·长征》。
7. 歌曲《红星歌》。
8. 绘本《金色的鱼钩》。

# 大班主题活动：英雄小海娃

## 一、主题说明

### （一）主题来源

在一次国旗下红色故事朗读活动中，幼儿聆听了故事《鸡毛信》，对故事中藏信、送信的情节特别感兴趣。尤其是日军吃了海娃给的生莲蓬之后涩得大喊的情节让幼儿捧腹大笑。他们被海娃临危不惧、机智勇敢的品质所折服，也为鸡毛信是否会被日军搜到捏了一把汗。在升旗仪式后，幼儿仍然津津有味地讨论着故事中的情节，提出了"如果海娃把信藏在了别的地方，会怎么样？""如果日军搜到了鸡毛信，结果会怎样？"等问题。基于幼儿的兴趣和问题，我们开展了形式多样的探究活动。

### （二）设计意图

《3-6岁儿童学习与发展指南》中对大班幼儿的社会发展目标提出，5~6岁幼儿要做到能"主动承担任务，遇到困难能够坚持而不轻易求助""能认真负责地完成自己所接受的任务"。可见，大班幼儿的任务意识培养是至关重要的。本主题以故事中"海娃接受送信任务""机智藏信""完成送信任务"三个重点情节为线索，开展"勇担任务""智斗敌军""巧送信件"三个子主题活动，让幼儿通过生活和游戏养成勇于承担任务、冷静面对困难、坚持完成任务的良好品质。

### （三）价值分析

这一主题通过绘本《鸡毛信》讲述小海娃在抗日战争时期的英勇事迹，

向幼儿传递爱国主义和集体主义精神。在主题活动的开展过程中，幼儿的爱国情感逐渐萌发，小海娃的精神激励了幼儿积极勇敢地面对困难和挑战，鼓舞了幼儿通过团队合作和思考探究解决问题。在优秀红色文化的熏陶下，幼儿形成了正确的是非观念，语言能力、动手能力、思维能力、交往合作能力都得到进一步发展。

## 二、主题目标

● 身体发展

1. 发展身体的平衡和协调能力，提高动作的协调性和灵活性。
2. 发展走、跑、跳、攀、爬等各种动作，锻炼运动的耐力和毅力。
3. 发展画、剪、折、粘等手部精细动作，能使用简单的劳动工具或用具。
4. 能主动参加体育活动，遵守活动规则，并注意活动中的安全。

● 认知发展

1. 熟悉故事《鸡毛信》的情节，知道鸡毛信的重要性。
2. 了解革命过程中涌现的小英雄的英雄事迹，能够根据故事情节绘制故事海报或者连环画。
3. 了解无字天书的原理，能够用无字天书的原理制作鸡毛信。
4. 了解观察敌情、传递信息的一些办法，如望远镜瞭望、传声筒传声、对暗号、无字天书等。
5. 了解汕头红色交通站和汕头邮局的故事。
6. 能以自己和客体为中心辨别左右。
7. 能用符号表现地图中的山、河、树等物体，绘制地图。
8. 能够在实验中动手动脑寻找问题的答案。
9. 能够用一定的方法验证自己在操作前的猜测。
10. 能在成人的帮助下制定简单的一周任务单、调查计划并执行。

● 社会性发展

1. 对革命时期涌现的小英雄产生崇敬之情，萌发爱国情怀。
2. 主动承担任务，遇到困难能够坚持而不轻易求助。
3. 能认真负责地完成自己所接受的任务。
4. 能够大胆表达自己的想法。

5. 能与同伴分工合作，遇到困难能一起克服。
6. 愿意为集体做事，给予他人力所能及的帮助。
7. 能体会到父母养育自己的辛苦，主动为父母分担家务。

## 三、主题网络图

**勇担任务**
- 早期阅读活动：《鸡毛信》
- 语言、社会活动：能干的小手
- 数学、社会活动：寻找鸡毛信
- 社会活动：我学海娃当帮手
- 健康活动：运军粮
- 阅读区活动：阅读小英雄绘本
- 语言区活动：我的小手很能干，我会……
- 数学区活动：设计最短路线
- 美工区活动：一周任务单
- 生活活动：《鸡毛信》影视作品欣赏

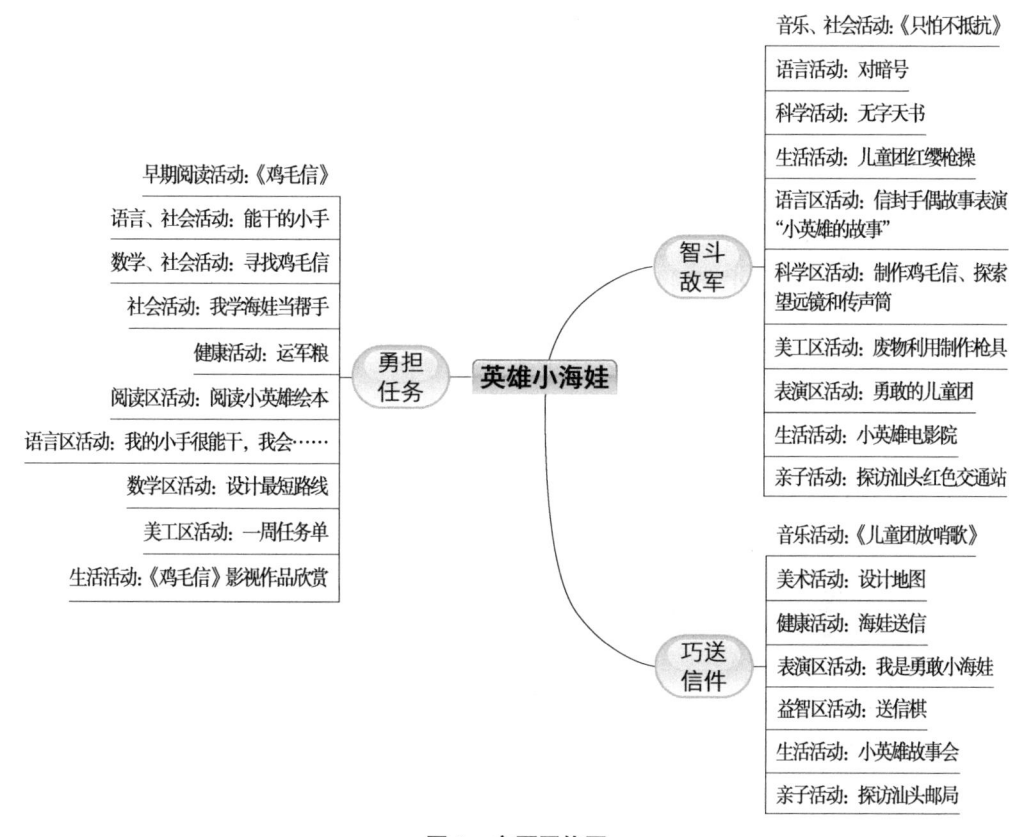

**智斗敌军**
- 音乐、社会活动：《只怕不抵抗》
- 语言活动：对暗号
- 科学活动：无字天书
- 生活活动：儿童团红缨枪操
- 语言区活动：信封手偶故事表演"小英雄的故事"
- 科学区活动：制作鸡毛信、探索望远镜和传声筒
- 美工区活动：废物利用制作枪具
- 表演区活动：勇敢的儿童团
- 生活活动：小英雄电影院
- 亲子活动：探访汕头红色交通站

**巧送信件**
- 音乐活动：《儿童团放哨歌》
- 美术活动：设计地图
- 健康活动：海娃送信
- 表演区活动：我是勇敢小海娃
- 益智区活动：送信棋
- 生活活动：小英雄故事会
- 亲子活动：探访汕头邮局

图1 主题网络图

## 四、环境创设

### （一）班级整体环境创设

1. 故事海报展示墙：展示幼儿阅读《鸡毛信》后的所思所感。
2. 任务小标兵展示墙：展示幼儿计划的一周任务单、幼儿完成任务过程中的问题和思考以及解决办法的记录、幼儿完成任务的照片及任务日记画。
3. 红色文化主题墙：展示与革命小英雄相关的图片等。

4.故事海报展示墙：展示亲子制作的故事海报或连环画。

5.调查海报展示墙：展示幼儿探访汕头红色交通站、汕头邮局的所见所闻所感。

6.我设计的地图展：展示幼儿设计的地图。

### （二）区域与材料投放

1.阅读区：阅读小英雄绘本。

材料投放：《鸡毛信》等关于革命时期小英雄的故事绘本。

2.语言区。

（1）活动一：我的小手很能干，我会……

材料投放：带有"扌"的字卡以及纸笔。

（2）活动二：信封手偶故事表演"小英雄的故事"。

材料投放：幼儿自制的信封手偶、纸笔、空白信封、剪刀、胶带。

3.数学区：设计最短路线。

材料投放：5×5并带有障碍危险标示的地图、纸笔、橡皮。

4.美工区。

（1）活动一：一周任务单。

投放材料：纸笔。

（2）活动二：废物利用制作枪具。

材料投放：纸、笔、剪刀、胶带、纸筒、塑料瓶等。

5.科学区：制作鸡毛信、探索望远镜和传声筒。

材料投放：淀粉、一次性杯、滴管、纸笔、碘伏、搅拌棒、鸡毛、胶带、纸筒、毛线、望远镜。

6.表演区：勇敢的儿童团、我是勇敢小海娃。

材料投放：马甲、头巾、红缨枪等道具，音乐《儿童团放哨歌》。

7.益智区：送信棋。

材料投放：自制送信棋、两个不同颜色的塑料瓶盖、纸笔、骰子。

## 五、家园共育

1.家长与幼儿共同商讨和计划幼儿一周要独自完成的家庭任务，并以照片或图片记录完成情况，形成幼儿一周任务单。

2.家长与幼儿共同阅读红色故事绘本或观看红色影视作品，用图文并茂的方式制作故事海报。

3.家长带幼儿探访汕头红色交通站、汕头邮局，并将所见所闻所感以绘画、摄影等形式记录下来。

4.家长引导幼儿观察生活中的地图。

## 六、主题活动计划表

表1　主题活动计划表

| 周次 | 主题名称 | 目标 | 活动名称 | 活动形式 ||||
|---|---|---|---|---|---|---|---|
| | | | | 集体活动 | 区域活动 | 生活活动 | 亲子活动 |
| 第一周 | 勇担任务 | **身体发展：**<br>1.发展手部动作，会使用简单的劳动工具或用具。<br>2.锻炼手臂力量和协调能力。<br>**认知发展：**<br>1.理解绘本《鸡毛信》的内容，感受海娃送信时的勇敢机智。<br>2.初步了解汉字构成的一般规律，知道以"扌"为偏旁的汉字均与手的动作有关。<br>3.能以自己和客体为中心辨别左右，并学会用语言和符号进行表征。<br>4.能说出手能做的动作，知道手可以完成很多事情。<br>5.对图书和生活情境中的文字符号感兴趣，知道文字表示一定的意义。<br>6.能为自己设计一张一周任务单。<br>**社会性发展：**<br>1.知道我们的美好生活需要互相帮助。 | 《鸡毛信》（早期阅读） | ○ | | | |
| | | | 能干的小手（语言、社会） | ○ | | | |
| | | | 寻找鸡毛信（数学、社会） | ○ | | | |
| | | | 我学海娃当帮手（社会） | ○ | | | |
| | | | 运军粮（健康） | ○ | | | |
| | | | 阅读小英雄绘本 | | 阅读区 | | |
| | | | 我的小手很能干，我会…… | | 语言区 | | |

（续上表）

| 周次 | 主题名称 | 目标 | 活动名称 | 活动形式 ||||
|---|---|---|---|---|---|---|---|
| | | | | 集体活动 | 区域活动 | 生活活动 | 亲子活动 |
| 第一周 | 勇担任务 | 2.掌握帮助别人的方法，能够帮助家人及集体做力所能及的事。<br>3.感受帮助别人是一件快乐的事情，乐意帮助别人。<br>4.能根据要求按时完成任务，感知专注做事的重要性。<br>5.能够完成自己制定的一周小任务。 | 设计最短路线 | | 数学区 | | |
| | | | 一周任务单 | | 美工区 | | |
| | | | 《鸡毛信》影视作品欣赏 | | | ○ | |
| 第二周 | 智斗敌军 | **身体发展：**<br>1.能够在队列操中保持正确的站姿、走姿。<br>2.能够掌握红缨枪操的基本动作。<br>**认知发展：**<br>1.理解歌词内容，了解歌曲创作背景。能根据歌词内容大胆创编不同的动作。<br>2.了解淀粉遇到碘水会变成蓝紫色的现象。<br>3.了解汕头红色交通站的故事。<br>4.学会边唱歌边用手打节拍，感受音乐的强弱规律。<br>5.了解什么是对暗号，学会按照规则轻声转述游戏中的语言。<br>6.能够认真倾听，分辨同伴的语言，正确接收和传递暗号。<br>7.能够记录自己实验的结果。 | 《只怕不抵抗》（音乐、社会） | ○ | | | |
| | | | 对暗号（语言） | ○ | | | |
| | | | 无字天书（科学） | ○ | | | |
| | | | 儿童团红缨枪操 | | | ○ | |
| | | | 信封手偶故事表演"小英雄的故事" | | 语言区 | | |
| | | | 制作鸡毛信、探索望远镜和传声筒 | | 科学区 | | |
| | | | 废物利用制作枪具 | | 美工区 | | |

（续上表）

| 周次 | 主题名称 | 目标 | 活动名称 | 活动形式 ||||
|---|---|---|---|---|---|---|---|
| | | | | 集体活动 | 区域活动 | 生活活动 | 亲子活动 |
| 第二周 | 智斗敌军 | **社会性发展：**<br>1. 感受儿童团勇敢团结的精神，萌发爱国之情。<br>2. 乐意参与传话游戏，遵守规则，体验游戏中的快乐。<br>3. 对科学实验感兴趣，并愿意动手动脑解决实验问题。 | 勇敢的儿童团 | | 表演区 | | |
| | | | 小英雄电影院 | | | ○ | |
| | | | 探访汕头红色交通站 | | | | ○ |
| 第三周 | 巧送信件 | **身体发展：**<br>1. 发展跑、跳、钻等动作，提高身体的平衡能力和协调能力。<br>2. 能侧身钻过40~50厘米高的障碍，动作灵活、敏捷。<br>**认知发展：**<br>1. 学会演唱《儿童团放哨歌》，理解歌词内容。<br>2. 参观汕头邮局，了解邮政的历史及其在社会发展中的作用。<br>3. 能够设计符号表示地图中的山、水、树木、房屋等。<br>4. 学会用生动的表情、动作表演故事，表现海娃的机智和勇敢。<br>**社会性发展：**<br>1. 积极参与到活动中，感受克服困难后获得成功的喜悦感。 | 《儿童团放哨歌》（音乐） | ○ | | | |
| | | | 设计地图（美术） | ○ | | | |
| | | | 海娃送信（健康） | ○ | | | |
| | | | 我是勇敢小海娃 | | 表演区 | | |
| | | | 送信棋 | | 益智区 | | |

（续上表）

| 周次 | 主题名称 | 目标 | 活动名称 | 活动形式 ||||
|---|---|---|---|---|---|---|---|
|  |  |  |  | 集体活动 | 区域活动 | 生活活动 | 亲子活动 |
| 第三周 | 巧送信件 | 2.感受海娃坚韧勇敢的品质，努力克服运动中的障碍和挑战。 | 小英雄故事会 |  |  | ○ |  |
|  |  | 3.体验邮政工作人员的工作流程，增加对社会职业的认识。 | 探访汕头邮局 |  |  |  | ○ |

# 七、主题活动设计

## （一）集体活动

### 早期阅读活动：《鸡毛信》

★ 活动目标

1.了解鸡毛信的含义，理解故事内容。

2.能根据故事情节和画面线索猜想故事情节的发展，积极表达自己的想法。

3.感受海娃送信的艰难和勇敢机智，初步萌发爱党爱国的情感。

★ 活动准备

鸡毛信、人手一册绘本、音频《鸡毛信》。

★ 活动过程

1.出示鸡毛信导入活动，让幼儿观察封面，引出故事。

（1）教师出示鸡毛信，激发幼儿听故事的兴趣，提问：你们知道这是什么吗？为什么这封信上面要插着鸡毛呢？

（2）教师出示绘本，引导幼儿观察封面：封面上有谁？他们在做什么？

2.引导幼儿观察、识别画面并进行讲述，帮助幼儿理解故事的内容。

（1）幼儿自主阅读第1~11页，分享交流故事内容。

（2）教师根据幼儿的讲述，与幼儿一起阅读绘本前半部分，并猜想故事情节的发展。

提问：海娃在送信过程中看到了什么？他是怎么做的？敌人要来了，他又是怎么做的？如果是你，你会怎么做呢？海娃会把信藏在哪里呢？

幼儿讨论并猜测海娃藏信的地方。

（3）教师引导幼儿阅读绘本后半部分，提问：海娃把信藏在了哪里？敌人发现了没有？他们对海娃做了什么？海娃又是怎样骗过敌人的？最后海娃把信送到八路军手里了吗？

3. 围绕重点内容开展活动，让幼儿加深对故事内容的理解。

集体讨论：故事里有哪些人物？你喜欢谁？不喜欢谁？为什么？

幼儿讨论并交流各自的想法，个别幼儿分享自己的观点。

4. 完整讲述故事，帮助幼儿整体感知故事内容。

（1）欣赏配乐故事。

（2）小结：抗日战争时期，许许多多像海娃一样的小英雄，为了早日解放全中国，不怕牺牲，英勇奋斗。我们要珍惜现在来之不易的幸福生活，热爱祖国，热爱学习，长大以后用自己学到的本领，把我们的国家建设得更加美丽、富强。

## 活动延伸

1. 在阅读区投放绘本《鸡毛信》，让幼儿自由取阅，交流感受，加深印象及对故事的理解。

2. 家园共育：鼓励幼儿把绘本《鸡毛信》带回家讲给家长听，并与家长讨论、制作故事海报。

## 活动建议

在带领幼儿开展绘本阅读前，先丰富幼儿的相关知识经验，尤其是让幼儿对抗日战争的那一段历史有所了解，对于故事中出现的一些日常较少见的特殊名词，可以让家长与幼儿一起查阅资料。

## 语言、社会活动：能干的小手

## 活动目标

1. 初步了解汉字构成的一般规律，知道以"扌"为偏旁的汉字均与手的动作有关。

2. 对图书和生活情境中的文字符号感兴趣，知道文字表示一定的意义。
3. 知道手可以完成很多的事情，愿意帮助别人做力所能及的事。

### 活动准备

1. 拍摄幼儿日常扫地、拍皮球、摇铃铛、扔沙包、推车等场景，并制作成视频。
2. 以"扌"为偏旁的汉字卡片。
3. 操作图卡人手一份，不干胶若干。
4. 音频《我有小手》《找朋友》。
5. 课件"带有'扌'的字"。

### 活动过程

1. 导入：手指韵律操《我有小手》，激发幼儿的兴趣。

提问：手是我们身体的重要组成部分，能做很多不同的动作，你的手会做什么动作呢？

2. 观看视频，并出示相应的汉字卡片，观察并寻找规律。

（1）观察视频并讲述模仿动作。

提问：请你们说说视频里的小朋友在干什么呢？（扔沙包、拍皮球、扫地等）你能模仿他们做的动作吗？

（2）根据幼儿的表述，教师贴出相应的动作汉字并带领幼儿指读。

（3）寻找汉字的相同点。

提问：请你们仔细观察，这些字宝宝有什么相同之处呢？（都有"扌"）为什么这些字宝宝都有"扌"呢？这个"扌"表示什么意思？（都是用手做出的动作）

（4）认识"扌"，了解"扌"与手的关系。

提问：除了上面这些动作之外，你们还能说出哪些动作也是用小手做出来的呢？（幼儿自由想象讲述，教师根据幼儿的回答出示相应的汉字）

小结：汉字真有趣，很多用手完成的动作写成汉字都带有一个"扌"，但是"扌"不是一个独立的汉字，它是一个偏旁，和其他字组合到一起就会变成一个新的字宝宝。

3. 趣味汉字小游戏，利用课件巩固对几个常见的带有"扌"汉字的认识。

（1）连线找朋友。

游戏玩法：幼儿观察课件上同时出现的图卡和字卡，将相对应的图卡和字卡进行连线，连线正确后课件会响起鼓掌声。

（2）看谁做得对又快。

游戏玩法：课件随机出示"扫""拉""摇""扔""拍""推"等几个汉字。幼儿根据出示的汉字迅速做出相应的动作并读出读音，又对又快者可以奖励一张小贴纸。

4. 跟随音乐《找朋友》做游戏，结束活动。

游戏玩法：一半幼儿佩戴"扌"的动作图卡，另一半幼儿佩戴"扌"的汉字图卡，在音乐"找朋友"中寻找与自己相对应的图卡或字卡。音乐一停，好朋友要抱在一起。

## 活动延伸

1. 在语言区里利用字卡制作并投放"摸一摸，说一说"的魔法盒，引导幼儿抽取字卡，并用"我的小手很能干，我的小手会……"的句式说一句完整的话。

2. 鼓励幼儿从生活中寻找带有"扌"的字，用图文结合的形式记录下来，投放到区角中跟其他伙伴一起认读。

## 活动建议

汉字是一种非常有趣的象形文字，除了带有"扌"的字以外，许多带有其他偏旁的汉字也都有着一样的规律，比如带"氵"的字、带"木"的字等。教师与家长都可以结合起来让幼儿照着这样的规律来探索汉字。

## 数学、社会活动：寻找鸡毛信

## 活动目标

1. 能熟练地以自身为中心辨别"左""右"，并能大胆表达自己的看法。
2. 看懂线索图，辨别线索图中的方位，并学会用语言和符号进行表征。
3. 体验与同伴合作、克服困难、解决问题的快乐。

## 活动准备

1. 经验准备：幼儿已理解《鸡毛信》的故事。
2. 物质准备：课件；泡沫地垫每组25块；线索本每组1本；带地雷等障碍的线索图、夹板、铅笔、橡皮人手1份；鸡毛信、密码卡、标记贴纸、密码贴纸、红星勋章、椅背书袋。

⭐ **活动过程**

1. 情境导入，激发学习兴趣。

教师出示密码箱，利用海娃送鸡毛信的情境导入活动，激发幼儿活动兴趣。

导语：今天海娃又接到了送信的任务。为了防止被敌人发现，鸡毛信被锁在了一个宝箱里，需要我们帮助海娃解开密码，才能将鸡毛信顺利送到八路军手里。

2. 通过游戏，学会以自我为中心辨别"左""右"。

（1）导语：在寻找密码之前，我们要先掌握辨别"左""右"的本领。

（2）幼儿在地垫上进行游戏。

提问：在我们的面前有一张大垫子，请你仔细数一数，它有几行、几列？

教师发布单向口令，幼儿在地垫上完成相应的动作，如站在最前（后）一行、最左（右）一列、向左（右）走一格等。

教师发布双向口令，幼儿在地垫上完成相应的动作，如向左（右）走两格，再向右（左）走一格等。

3. 看懂线索图，辨别线索图中的方位，并学会用语言进行表达。

（1）教师出示线索图一。

提问：请你从左到右仔细观察，你看懂了什么？

小结：箭头代表的是往哪个方向走，数字表示走几格。

（2）教师出示线索图二。

提问：请你观察这张线索图，你看到了什么？这条路线是怎么从起点走到终点的？密码会藏在哪里？

小结：线索图上有起点、终点和路线。路线会告诉我们怎么到达终点。当我们到达终点后，翻开脚底下踩着的垫子，就会找到密码。

（3）幼儿执行寻找密码的任务，熟悉和掌握用语言表达方位的方法。

教师出示规则图示，引导幼儿观察并说出游戏规则。

提问：为了帮助海娃解开密码箱，我们一组四个小朋友该怎么合作去寻找密码呢？请仔细观察这些规则图示，你们看懂了哪一条游戏规则？

总结：三个小朋友坐在椅子上喊口令，一个小朋友听清口令后去寻找密码；找到密码后要把它撕下来贴到右上角的密码本上；四个小朋友轮流去寻找密码，一定可以找到四个密码。

每组根据线索本寻找密码。教师提醒：每组的线索本不一样，要按照自己组的线索本去寻找密码。

验证密码。

提问：你们找到的密码跟我找到的一样吗？是什么？究竟能不能打开宝箱？

4. 迁移经验，设计路线，学会用符号进行表征。

（1）教师出示第五张线索图，引导幼儿观察。

提问：最后的密码究竟藏在哪里？这张线索图上有什么？你觉得最后一个密码会藏在哪里？

小结：线索图中有起点，有终点，还有各种障碍、危险，密码就藏在终点处。

（2）教师交代任务，幼儿设计路线。

提出要求：要注意避开障碍和危险的地方，并且路线不能是斜着走的，只能是前后左右四个方向走直线。

幼儿设计路线，教师指导。重点指导：

水平一：检查幼儿设计的路线是否符合要求。

水平二：鼓励先完成路线设计任务的幼儿比较路线的长短，并尝试设计到达终点最短的路线。

（3）幼儿按照自己设计的路线，合作寻找最后的密码。

每组幼儿在地垫上标记障碍和危险位置。

四名幼儿分别按照自己设计的路线到达终点，并将左胸口贴着的线索贴到终点，拼出密码。

5. 颁发红星勋章，提升幼儿情感，初步尝试以客体为中心辨别左右。

请每一组最右边的幼儿代表小组领取红星勋章。幼儿两两面对面站立，将红星勋章贴到对面好朋友左边的胸口处。

▶ 活动延伸

1. 数学区。

（1）投放线索图，让幼儿设计到达终点的最短路线。

（2）墙面（或桌面）游戏：兔子找房。进一步学习以客体为中心辨别左右。

2. 户外游戏区。

（1）智寻宝藏。一组幼儿藏宝，设计藏宝地图。另一组幼儿在地图上发现寻宝路线，并找到宝物。

（2）跳方格比赛。幼儿站到圆圈中，双脚并拢，按教师的口令相应跳入前后左右的方格中去。幼儿也可以背向站立在圆圈中，这样前与后、左与右互换，培养逆向推导能力，发展空间方位知觉和判断能力。

### 活动建议

在日常生活、游戏中，教师也可以适时引导幼儿判断左右两个方位，特别是学习以客体为中心判断左右，以巩固幼儿对这两个方位的认知经验。

## 社会活动：我学海娃当帮手

### 活动目标

1. 知道我们的美好生活需要互相帮助。
2. 掌握帮助别人的方法，能够帮助家人及集体做力所能及的事。
3. 感受帮助别人是一件快乐的事，乐意帮助别人。

### 活动准备

家长或教师抓拍幼儿帮助别人的照片和视频；玩具、图书若干。

### 活动过程

1. 从绘本《鸡毛信》引入，激发幼儿帮助别人的兴趣。

引入：之前我们阅读了绘本《鸡毛信》，故事中的海娃特别了不起，他成功地帮助八路军叔叔送信，最后将敌人全部剿灭。海娃真是太棒了！大家都在称赞他。小朋友们，你们有没有像海娃这样帮助过别人呀？最近老师发现了很多像海娃这样的小帮手，你们想知道他们是谁吗？

2. 观看幼儿帮助别人的照片和视频，引导幼儿讲述相互帮助的经历。

提问：你在视频中看到了谁？他在做什么事？

提问：在生活中，你帮助过谁？你是怎么做的？谁又帮助过你？他是怎么做的？

小结：在生活中，我们总会遇到这样或那样的困难，需要别人的帮助，美好的生活需要人与人之间互相帮助。

3. 讨论帮助别人和被帮助的心情。

提问：帮助了别人后自己的心情怎么样？被帮助的人心情又会怎么样？

小结：当我们帮助别人之后，被帮助的人很开心，我们自己也会感到很快乐。

4. 讨论在生活中还可以怎样帮助他人，学习帮助他人的方法。

提问：除了刚刚讲到的这些帮助别人的方法，还有哪些小事情是我们能做的、可以帮助到别人的呢？比如在家里，看到爸爸妈妈很忙，你可以怎么帮助他们？在幼儿园，你可以为大家做什么事情？老师或小朋友会在什么时候需要你的帮助？在外面，看到有人不小心摔倒或掉了东西，你可以怎么做？

引导幼儿自由讨论，大胆表达自己的想法。

5. 出示玩具、图书等材料，请幼儿分组帮忙整理玩具。

导语：我们大家都来向海娃学习，当助人为乐的小帮手吧！我们都可以帮助班级做些力所能及的事情。大家先分组讨论要怎么做，再分工动手帮忙。

▶ 活动延伸

1. 在日常活动中，鼓励幼儿为集体做一些力所能及的事，如擦桌子、挂毛巾、整理图书玩具等，增强幼儿的劳动意识。
2. 把幼儿帮助别人的照片布置在活动室的墙面上，在日常中进行交流。
3. 创设栏目"今日好人好事"，鼓励幼儿记录和交流互相帮助或在家帮助别人的事情。
4. 经常向幼儿介绍生活中（包括媒体报道）的一些助人为乐的事迹。

▶ 活动建议

家长可持续拍摄一些幼儿在幼儿园以外的场景帮助别人的视频，上传至班群中，教师及时给予肯定鼓励，让幼儿互相学习。

## 健康活动：运军粮

★ 活动目标

1. 初步掌握用手臂推小车的动作要领。
2. 能够用手臂力量控制小推车的平衡，与同伴合作完成游戏。
3. 在游戏中克服困难，坚持完成运粮任务。

★ 活动准备

1. 布置场地：草地、小桥、森林。
2. 小推车、沙包若干、地垫、平衡木等。

★ 活动过程

一、开始部分

热身律动：师幼随着音乐做律动，充分活动身体的肌肉、韧带与关节，为学习活动内容做好准备。

二、基本部分

1. 探索阶段。

（1）幼儿在平地上自主练习推着小车走，感受重心、平衡等身体要求。

教师引导幼儿讲述推车的体验，示范和讲解推车的动作要领：双手抓紧扶手，重心压低，手臂用力控制推车平衡。

幼儿练习，教师及时指导。

（2）幼儿在铺有地垫的"草地"、架有平衡木的"小桥"、被障碍物隔开的"森林"等场地进行练习。

教师引导幼儿讲述推车过障碍的体验，总结过障碍的要领。

2. 游戏阶段："运军粮"。

玩法：将幼儿分成四个小组，站在起跑线后一米左右的地方，听到指令后第一个幼儿推着小推车跑出，绕过障碍物（或过桥），推过"草地"，到粮仓前将一袋"粮食"（沙包）放到车里，将车推回起跑线，把"粮食"拿出放到本队的小筐里。第二名幼儿接过小推车后在起跑线推车出发，最先将"粮食"运回的小组用拍手欢呼以示胜利。

规则：每个幼儿必须在下一个幼儿开始之前拿出车里的"粮食"。车不能撞到障碍物，若撞倒则要扶起后才能走。

3. 提升阶段。

在原有的路线上增设斜坡，提升游戏的难度，提高幼儿用手臂力量控制小推车平衡的能力。

三、结束部分

1. 小结：评价幼儿的表现。

2. 听音乐，幼儿和教师做摇摇头、晃晃手、敲打四肢等放松动作，离开场地结束活动。重点放松手臂等身体部位，缓解肌肉疲劳。

🚩 **活动延伸**

开展"胳膊真有力"体育活动，锻炼幼儿的手臂力量。

📯 **活动建议**

根据幼儿的游戏水平随时调整游戏难度。

## 音乐、社会活动:《只怕不抵抗》

### ★ 活动目标

1. 理解歌词内容,初步了解歌曲创作背景。
2. 学会边唱歌边用手打节拍,感受音乐的强弱规律。
3. 根据歌词内容大胆创编动作,萌发热爱小英雄的情感。

### ★ 活动准备

儿童团动画录像、《只怕不抵抗》音频。

### ★ 活动过程

1. 发声练习《我爱我的小猫》。
2. 学习歌曲《只怕不抵抗》。
(1)教师播放歌曲音频,引入歌曲学习。
导语:今天老师带来了一首歌曲,名字叫作《只怕不抵抗》。请小朋友们仔细听一听,并说一说在歌声中都听到了什么,听了这首歌你会想到谁?
小结:这首歌唱的是儿童团员抵抗日军的英勇形象。
(2)观看视频、图片,帮助幼儿理解歌曲背景。
导语:几十年前,日本侵略军侵占了我们的领土,轰炸了我们的房屋,杀害了我们的同胞,使我们的人民饱受痛苦煎熬。但中国人民并没有低下头来,全国上下都在进行着激烈的抗日战斗,就连和我们同样年龄的孩子们也不例外。接下来,就让我们走进儿童团,看看这些小英雄们都做了哪些事情。
播放儿童团动画录像(送鸡毛信、巡逻、抓汉奸、埋地雷……)。
(3)教师有感情地示范唱一遍歌曲,引导幼儿熟悉并理解歌词。
提问:你们听到歌曲中唱了什么?什么是"汉奸""东洋"?
教师重点解释"汉奸"和"东洋",帮助幼儿理解歌词。
(4)教师带领幼儿随琴声念歌词。
(5)教师组织幼儿随琴声学唱歌曲若干次。
(6)教师示范一边歌唱,一边用手打节拍,帮助幼儿感受歌曲的强弱规律。
提问:我在唱这首歌的时候,是怎样打节拍的?
(7)教师带领幼儿一边打节拍一边学习完整地歌唱。

3.启发幼儿创编动作，表演"只怕不抵抗"。

提问：这首歌里我们唱到了"吹起小喇叭，打起小铜鼓，手拿小刀枪""冲锋杀敌"等场景，你能根据这些歌曲内容来创编动作，表现小英雄们的坚定勇敢吗？

幼儿讨论并自主创编动作，教师请个别幼儿展示动作，并选择最适合的动作，大家一起随着音乐一边歌唱一边做动作。

小结：抗日战争时期的小朋友们觉得能拿起小刀枪上战场为国杀敌就是最光荣的事情，那么我们现在的小朋友应该做些什么？怎么做才是光荣的呢？（幼儿分享自己的想法，最后在歌声中结束本活动。）

## 活动延伸

表演区：勇敢的儿童团。鼓励幼儿上台歌唱歌曲，表演自己创编的动作。

## 活动建议

可创设情境，投放"小英雄"的服装及道具，激发幼儿表演的情绪与兴趣。

### 语言活动：对暗号

## 活动目标

1. 了解什么是对暗号，学会按照规则轻声转述游戏中的语言。
2. 能够认真倾听，分辨同伴的语言，正确接收和传递暗号。
3. 乐意参与对暗号游戏，体验与同伴一起合作游戏的快乐。

## 活动准备

1. 鸡毛信若干封，信件上有简图和暗号。
2. "敌人"的立体站牌若干张，站立在泡沫板上。

## 活动过程

1. 教师出示一封鸡毛信，创设游戏情境。

导入：小朋友，这是什么？（鸡毛信）鸡毛信是在抗日战争时期传递紧急事件内容的信件。指导员经常要派通讯员传送信件和秘密暗号给前方的部队，前方的部队接到正确的情报就能迅速地消灭敌人打胜仗。这个任务很重要，今天我们也来试着当通讯员，传送鸡毛信和秘密暗号。

2. 教师介绍游戏的玩法和规则。

玩法：通讯员送信时要先把信送到同伴的手里，然后把自己听见的暗号轻声地告诉同伴。如果最前面的人和最后的人说的暗号一样，就可以请这个小组的小朋友到前面来消灭一个"敌人"。

规则：两人传递的暗号不能被其他人听见。

3. 教师引导幼儿游戏。

（1）教师先请一部分幼儿尝试游戏，帮助幼儿熟悉规则。

教师先准备几个比较简单的暗号，引导一部分幼儿尝试游戏，另一部分幼儿观察。

导语：小小通讯员们，现在我要把一个很重要的暗号告诉第一个通讯员。我们一个接一个轻声地传递，不能让别人听见哦！

检查幼儿传递的信息是否正确。

导语：我来听一听，你们说的是我一开始说的那句暗号吗？说得对的就可以消灭一个"敌人"啦！

（2）轮换另一部分幼儿参加游戏，进一步明确规则。

重点提醒：传递暗号时既要说得清楚，又不能让别人听见。

4. 幼儿自主游戏。

幼儿自愿组合分成人数相等的若干组，排头的幼儿取鸡毛信并读懂暗号后开始游戏。在此过程中，教师提醒传递暗号的幼儿既要声音清晰又不能被别人听见，而接收暗号的幼儿要注意认真倾听，才能正确接收到暗号。

▶ 活动延伸

在语言区投放画纸和笔，让幼儿自己设计暗号继续玩游戏，最后接收暗号的幼儿用符号或图画记录，看看是否和原暗号一致。

▶ 活动建议

幼儿自主游戏时，可引导幼儿从易到难来进行，如人数从少到多、暗号从简单到复杂等。

## 科学活动：无字天书

★ 活动目标

1. 了解淀粉遇到碘水会变成蓝紫色的现象。
2. 能够记录和讲述自己的实验结果，初步学会科学探究的方法。

3. 对科学实验感兴趣，能大胆猜想并积极动手操作。

## 活动准备

鸡毛信，无字天书（用淀粉水画出的作品）人手3份，棉签，碘伏、水、白醋（在三种液体的容器上标上序号），记录单，铅笔，白纸，淀粉水，毛笔，电吹风筒。

## 活动过程

1. 情境导入，认识实验材料。

教师出示鸡毛信，创设情境：八路军叔叔收到了一封特殊的鸡毛信。为了防止敌人找到鸡毛信，看到情报的内容，里面放了一封无字天书，只有涂上一种特殊的液体，才能让上面的字显现出来。

教师介绍实验材料：今天我们每个小组的桌子上各摆放了三种液体。你们可以看一看、闻一闻，猜猜这三种液体是什么？

小结：1号无色无味，是水；2号无色，闻起来酸酸的，是白醋；3号棕色的是碘伏。

2. 猜想验证，探索发现。

幼儿猜想：哪种液体能够让无字天书显现内容。

教师请幼儿先来猜一猜，想一想：哪种液体能够让无字天书显现内容？认为这种液体能够让无字天书显现内容的，就在记录单上对应的编号后面画"√"，认为不能显现的则画"×"。

幼儿记录自己的猜想，教师观察幼儿的记录。

提问：我刚刚看了几位小朋友的记录，发现小朋友的猜想都不太一样。那我们怎么才能知道谁猜对了，谁猜错了呢？（做实验）

幼儿实验验证，观察记录三种液体涂在无字天书上出现的现象。

（1）教师引导并提出要求：接下来，我们通过实验来验证我们的猜想，请你们按照三种液体的序号排列，依次用棉签蘸取它们，分别涂到三张无字天书上，并仔细观察，看看无字天书上的内容是否显现出来了，能够显现的就在序号后面打"√"，不能显现的就打"×"。这里要特别提醒，蘸取三种液体的棉签不能混合使用，否则会影响实验结果哟！

（2）幼儿实验、观察，并把实验结果记录在记录单中。（提醒幼儿操作一个，记录一个，以免忘记实验结果）

（3）教师引导幼儿互相交流：谁愿意来讲一讲，你看到了什么有趣的现象？（如有异议，再次实验验证）

小结：无字天书是用淀粉水写的，写完后淀粉水蒸发了，字就不见了，这个时候用碘伏轻轻擦拭就能显现内容，因为碘伏遇到淀粉会变成蓝紫色。

3.制作无字天书，帮助幼儿进一步理解无字天书的原理，体验科学实验的乐趣。

（1）分享无字天书里的内容：刚刚我们做实验，无字天书上已经出现了内容，我们一起来看看吧！原来上面画了敌人的据点。有了这张图，八路军叔叔就可以知道怎样避开敌人的据点或者设计有效的作战计划了。

（2）交代制作要求：无字天书真的太有趣了，你想不想也做一封无字天书呢？请你用毛笔蘸取淀粉水，在纸上画上你想送给好朋友的画，并用吹风筒将无字天书吹干，吹干后你就可以送给你的好朋友啦！

幼儿自制无字天书，并将制作好的无字天书送给好朋友。好朋友用碘伏擦拭，获得天书内容。

4.结束部分。

教师：你想不想也做一封无字天书送给自己的爸爸妈妈呢？在科学区，老师也为你们准备了材料，你们可以在那里制作更多的无字天书。

## 活动延伸

科学区：制作无字天书。

## 活动建议

科学区中的实验材料要定期更新，以防受污染而影响实验效果。

## 音乐活动：《儿童团放哨歌》

### 活动目标

1.理解歌词内容，初步学会演唱歌曲。
2.能围绕歌词内容创编动作。
3.感受音乐的基本情绪以及歌曲的风格特点。

### 活动准备

音乐《只怕不抵抗》《儿童团放哨歌》，PPT。

### 活动过程

1.发声练习《我爱我的小猫》。

2. 复习歌曲《只怕不抵抗》，导入新歌学习。

导语：你们还记得《只怕不抵抗》歌颂的是谁吗？今天我们要学的歌曲也跟他们有关，叫《儿童团放哨歌》。

3. 学习歌曲《儿童团放哨歌》。

（1）第一遍聆听，欣赏整首歌曲，理解歌词。

提问：听完这首歌你有什么感觉？你听到这首歌里面唱了什么？

演示 PPT 文件，重点讲解"放哨""长梭镖""红袖章"等词语的含义，帮助幼儿理解歌词。

（2）教师带领幼儿随琴声念歌词。

（3）组织幼儿随琴声学唱歌曲若干次。

（4）带领幼儿用大踏步走的动作感受歌曲的节奏和自豪的情绪。

4. 启发幼儿创编动作，鼓励幼儿分组讨论并展示动作。

导语：大家一起为这首《儿童团放哨歌》创编动作吧，你能不能根据歌词的内容用动作来表现呢？

幼儿分组讨论并展示动作。

结束活动：幼儿分组进行歌曲表演，互相欣赏和学习。

## 活动延伸

表演区活动：勇敢的儿童团。在表演区中投放小军装、长梭镖、红袖章等表演道具，鼓励幼儿在区角活动时间里上台表演自己创编的歌舞。

## 活动建议

在那段艰苦又辉煌的岁月里，流传下来很多好听的、经典的歌曲。对于爷爷奶奶们来说，这些歌曲深情动听、耳熟能详。有条件的话可以邀请他们来到幼儿园，为幼儿讲一讲、唱一唱、演一演，营造更浓郁的红色文化氛围。

## 美术活动：设计地图

## 活动目标

1. 知道地图的作用，了解地图应该具备的要素。
2. 能够设计符号表示地图中的山、水、树木、房屋等。
3. 能够与同伴相互合作，绘制幼儿园户外活动场地地图，体验合作的乐趣。

🔹 **活动准备**

纸、笔、橡皮、彩色笔、景区地图图片、幼儿园户外活动区域俯瞰照片。

⭐ **活动过程**

1.教师出示景区地图，引导幼儿观察地图中的元素，并尝试说说这些元素代表的意思以及地图的作用。

提问：这是什么？它有什么作用？上面有什么？你是怎么知道的？

幼儿观察，并分享自己的想法。

小结：这是一张景区地图，地图上有代表建筑物、地形、动植物等的图案，能够让人一看便知道这是什么地方、有什么、可以干什么。有了这张地图，人们就可以清晰地了解景区各个区域的位置分布，从而更好地游览景区。

2.引导幼儿观察幼儿园户外活动区域的俯瞰照片，为后续设计幼儿园户外区域地图做好铺垫。

提问：这是幼儿园户外活动区域的俯瞰照片，请你看一看，你能认出这些区域吗？你是怎么认出来的？在这个区域你玩过什么有趣的游戏？（幼儿观察，交流回答）

小结：我们能够通过图片中区域所在的方位、区域里的代表性物品、参照物等知道这是什么地方。

3.引导幼儿讨论设计地图的方法，并尝试设计幼儿园户外活动区域的地图。

提问：今天我们要来设计一张幼儿园户外活动区域地图，你觉得应该怎样设计才能让别人一看就清楚这是什么地方？（幼儿回答）

小结：要让别人看懂我们的地图，我们需要用图画或符号来表示各区域有代表性的物体、建筑，同时要保证各个区域的方位正确。

4.幼儿分组，以小组为单位，根据幼儿园户外活动区域的俯瞰照片尝试合作设计地图。教师个别指导。

5.幼儿展示交流自己设计的地图。

🚩 **活动延伸**

展示幼儿设计的地图。

## 活动建议

教师也可以引导幼儿绘制班级各个区角分布图或者幼儿居住小区的地图。

健康活动：海娃送信

## 活动目标

1. 掌握侧身钻过"烽火线"的动作要领，能侧身钻过 40～50 厘米高的障碍物。
2. 发展上下肢的力量及其协调性，提高动作的灵活性。
3. 对体育活动感兴趣，初步形成勇敢挑战自我的意识。

## 活动准备

1. 垫子、绳子若干。
2. 音乐（热身操音乐、游戏音乐、放松音乐等）、音箱。

## 活动过程

一、开始部分

热身律动：教师和幼儿随着音乐做律动。

二、基本部分

1. 情境导入。

导语：大家都听过《鸡毛信》这个故事吧，我们今天也来做勇敢的海娃。海娃在送鸡毛信的过程中遇到了一些困难，但是他靠自己的沉着冷静和勇敢机智完成了任务。小朋友们在今天的送信任务中也会碰到一些困难，但是，只要学会了下面这些本领，就可以安全将信送达。我们一起来试一试吧！

2. 探索阶段：穿过烽火线（练习侧身钻）。

（1）幼儿自由探索钻的动作。个别幼儿分享自己如何迅速钻过去并且不碰到绳子的经验。

（2）教师总结动作要领：侧身蹲下，先伸一条腿，低头钻过去，轻轻地把另外一条腿收过去。请个别幼儿示范动作。

（3）幼儿分组练习，教师个别指导。

3. 游戏阶段：海娃送信。

玩法：教师扮作指挥员，幼儿扮作海娃。幼儿分成人数相等的两队站在起跑线后。每队第一个幼儿手拿鸡毛信。幼儿出发后，先爬过垫子，当来到"烽火线"前面时，要把身体高度降低，不能抬头和撅屁股，用学过的侧身钻动作穿过"烽火线"且不触发"警报"，到达终点后跑回原地，把信交给第二个幼儿，然后站在队伍的最后。如此依次进行，直至各队最后一个幼儿穿过"烽火线"，把信送到"指挥部"（教师）。

规则：①穿过"烽火线"时不可以碰到绳子，否则需原路返回重新出发；②以速度快的队为胜。

（1）第一轮游戏。

结束后，请胜利的一方幼儿分享经验，说说他们是如何做到动作快速准确且不触发"警报"的。

总结：把动作完成得准确规范，往往不会触发"警报"，把时间花在原路返回的那一队更容易输掉比赛。鼓励输的一方幼儿不气馁，吸取经验教训，力争在下一轮比赛中取得好的成绩。

（2）第二轮游戏。

教师肯定幼儿的表现，尤其是表扬能积极参加游戏、勇敢挑战自我的幼儿。

**三、结束部分**

在音乐伴奏声中，教师和幼儿一起做放松活动。

▶ 活动延伸

在户外活动场地拉设高高低低的"烽火线"，让幼儿进行练习。

✎ 活动建议

因为幼儿的身体素质条件不同，身高、身形可能存在较大的差异，建议教师在组织活动时灵活调整"烽火线"的高度。

### （二）区域活动

表2　区域活动

| 区域 | 活动内容 |
| --- | --- |
| 阅读区 | **活动：阅读小英雄绘本**<br>**主要经验**<br>阅读图书，了解革命时期小英雄的故事。<br>**活动准备**<br>有关小英雄的绘本、音频。 |

（续上表）

| 区域 | 活动内容 |
|---|---|
| 阅读区 | **观察与指导要点**<br>1. 引导幼儿观察绘本图画，猜测故事内容。<br>2. 鼓励幼儿尝试用自己的语言表述故事内容，与同伴交流自己的所思所感。<br>3. 如果幼儿阅读时遇到困难，鼓励他们大胆地说出没看懂的地方。<br>4. 请幼儿用自己的方式表征对图画书中印象最深或者最感兴趣、最好奇的内容，并与大家分享。 |
| 语言区 | **活动一：我的小手很能干，我会……**<br>**主要经验**<br>了解手的动作以及与手的动作有关的带有"扌"的字，能用"我的小手很能干，我会……"的句式完整表达自己绘画的内容。<br>**活动准备**<br>带有"扌"的字卡以及纸笔。<br>**观察与指导要点**<br>1. 引导幼儿认识带有"扌"的字卡上的汉字。<br>2. 引导幼儿用绘画的方式画出自己可以做的事，并结合字卡用"我的小手很能干，我会……"的句式向同伴表达自己绘画的内容。<br>**活动二：信封手偶故事表演"小英雄的故事"**<br>**主要经验**<br>能利用自制的信封手偶表演自己感兴趣的小英雄的故事，加深对故事内容和人物角色的理解，初步学会根据故事创编人物对话。<br>**活动准备**<br>幼儿自制的信封手偶、纸笔、空白信封、剪刀、胶带。<br>**观察与指导要点**<br>1. 引导幼儿自主商议表演的内容，并用友好的方式分配角色。<br>2. 引导幼儿根据故事的内容创编人物的对话，并根据人物的性格特点揣摩人物的语音、语调。<br>3. 鼓励幼儿根据故事需要利用材料自制信封手偶和创编表演场景。 |
| 数学区 | **活动：设计最短路线**<br>**主要经验**<br>知道箭头符号、图形符号所代表的意思。能绕过障碍物设计从起点到终点的路线。能根据路线图说出设计的路线的方向及步数。<br>**活动准备**<br>5×5 并带有障碍危险标示的地图、纸笔、橡皮。 |

（续上表）

| 区域 | 活动内容 |
|---|---|
| 数学区 | **观察与指导要点**<br>1. 鼓励幼儿设计路线，并用正确的方位词描述地图上的线路。<br>2. 引导幼儿寻找最短到达终点的路线，并鼓励幼儿动脑思考。<br>3. 请幼儿互相给对方设计有障碍和危险标示的地图，挑战谁先找到最短路线。<br>4. 可为幼儿准备一些简易地图，如景区游览地图、公园地图等，帮助幼儿学会比较路线的长短及巩固方位词的运用。 |
| 科学区 | **活动：制作鸡毛信、探索望远镜和传声筒**<br>**主要经验**<br>能利用无字天书的原理制作鸡毛信，探究望远镜和传声筒在侦查和传递信息中的作用。<br>**活动准备**<br>淀粉、一次性杯、滴管、纸笔、碘伏、搅拌棒、鸡毛、胶带、纸筒、毛线、望远镜。<br>**观察与指导要点**<br>1. 提醒幼儿在制作无字天书时要注意避免将不同液体中的棉签混用，以防影响制作效果。<br>2. 引导幼儿利用望远镜观察远处的事物。<br>3. 引导幼儿制作传声筒，并用传声筒进行传递暗号的游戏。 |
| 美工区 | **活动一：一周任务单**<br>**主要经验**<br>设计一张一周任务单，增强克服困难、坚持完成任务的毅力。<br>**活动准备**<br>纸笔、空白一周任务单。<br>**观察与指导要点**<br>1. 引导幼儿在教师事先设计好的一周任务单上绘制自己一周要完成的任务，并在完成任务后及时记录自己的完成情况。<br>2. 引导幼儿将完成任务过程中遇到的困难和解决的办法用绘画的方式记录到任务单中。<br>3. 引导幼儿结合自己的任务单讲述自己完成任务的过程和感受。教师利用文字帮忙记录，并鼓励幼儿与同伴交流分享。 |

（续上表）

| 区域 | 活动内容 |
| --- | --- |
| 美工区 | **活动二：废物利用制作枪具**<br>**主要经验**<br>能够根据自己对武器的调查和了解，利用废旧物品，想象和设计制作枪具。<br>**活动准备**<br>纸、笔、剪刀、胶带、纸筒、塑料瓶、各种枪具图片等。<br>**观察与指导要点**<br>1. 引导幼儿观察各种枪具图片，并参考这些图片设计枪具，在白纸上先绘制设计图。<br>2. 引导幼儿根据设计图自行选择合适的材料制作枪具，必要时可以多人合作。<br>3. 鼓励幼儿在制作完成后向同伴展示并分享自己作品的创意和制作过程。 |
| 表演区 | **活动一：勇敢的儿童团**<br>**主要经验**<br>能根据音乐《儿童团放哨歌》的内容创编动作进行表演，或者表演红缨枪操。<br>**活动准备**<br>音乐《儿童团放哨歌》、红缨枪、头巾、腰带。<br>**观察与指导要点**<br>1. 引导幼儿根据歌曲的旋律和节奏创编动作。<br>2. 在幼儿熟悉歌曲后，鼓励幼儿跟着音乐一边唱一边表演。<br>3. 鼓励幼儿大胆地到舞台上表演红缨枪操。<br>**活动二：我是勇敢小海娃**<br>**主要经验**<br>熟悉理解故事内容，并学会用生动的表情、动作表演故事，表现海娃的机智和勇敢。<br>**活动准备**<br>红缨枪、头巾、腰带、手枪、儿童团、日本兵服装等。<br>**观察与指导要点**<br>1. 引导幼儿以友好的方式分配角色。<br>2. 引导幼儿讨论对话时不同人物的表情和语气。<br>3. 表演后引导幼儿交流表演感受、碰到的难题，讨论解决的对策。 |

（续上表）

| 区域 | 活动内容 |
| --- | --- |
| 益智区 | **活动：送信棋**<br>**主要经验**<br>能设计送信棋，寻找送信的最短路线，并成功避开障碍到达终点。<br>**活动准备**<br>幼儿自制的送信棋图纸、两个不同颜色的塑料瓶盖、纸笔、骰子。<br>**观察与指导要点**<br>1. 鼓励幼儿自己设计送信棋，在棋盘山设置"地雷""敌人据点""沼泽地"等障碍。<br>2. 引导幼儿思考和探索如何更快到达终点，寻找最短路线。 |

## （三）生活活动

### 儿童团红缨枪操

★ **主要经验**

知道红缨枪是儿童团保卫家乡时使用的武器，掌握持握"红缨枪"的正确姿势，初步学会红缨枪操的基本动作。

▶ **组织与指导要点**

1. 引导幼儿认识"红缨枪"的构造（枪头、枪杆、红缨），学习持握"红缨枪"的正确姿势：左手持枪杆中段，右手握枪杆末端并靠在腰部位置，下蹲成马步。左手握枪杆不能握得太紧，要让手成为枪的运动支点，既要保证枪不会脱手，又要使枪杆能在手中自由出入滑动，右手则要牢牢握住枪杆。
2. 示范"红缨枪操"基本动作，如扎、崩、劈、托、抽、拉、云、拨等。幼儿跟练，教师可根据幼儿掌握情况分小节教授动作。
3. 提醒幼儿枪头不可对人，以免受伤。
4. 引导幼儿在做动作时要精神抖擞，体现儿童团员的精神风貌。

### 小·英雄电影院

★ **主要经验**

从影视作品中了解更多关于儿童团或革命时期其他小英雄的故事，明白幸福生活来之不易，增强对小英雄的崇敬之情和爱祖国、爱家乡的情感。

🚩 **组织与指导要点**

1. 结合红色文化绘本故事筛选适合幼儿年龄特征、理解能力的优秀影片，采用分段播放或截取片段播放的方式，利用多媒体播放设备（教学一体机或投影设备等）进行播放。

2. 结合谈话活动引导幼儿汲取影视中的有效信息，引导幼儿讲述主要情节内容和人物之间的关系，帮助幼儿明辨是非，理解其中的道理，并感受抗战的艰辛以及小英雄英勇斗争、不怕牺牲的顽强意志和高尚的爱国情怀。

### 小·英雄故事会

⭐ **主要经验**

倾听故事，感受抗战的艰辛以及小英雄英勇斗争、不怕牺牲的顽强意志和高尚的爱国情怀，明白幸福生活来之不易，增强对小英雄的崇敬之情和爱祖国、爱家乡的情感。

🚩 **组织与指导要点**

1. 借助教学一体机展示台展示小英雄的绘本故事，教师设置有效提问引导幼儿逐页观察画面，交流思考，逐步深入理解故事内容。

2. 教师利用餐前、午睡前或离园前等日常时间，讲述小英雄绘本或播放有关小英雄的故事音频，鼓励幼儿与他人谈论图书和故事的内容。

3. 发动幼儿将家中小英雄故事的绘本带来并参与故事会的分享，鼓励幼儿大胆在集体面前讲述故事。

## （四）亲子活动

### 探访汕头红色交通站

⭐ **活动目标**

1. 参观汕头红色交通站，了解革命历史和红色交通站的历史意义。
2. 认识历史人物和事件，激发对历史文化的兴趣和探究欲。
3. 萌发爱国情感，在亲子互动中传承红色基因。

### 活动准备

1. 提前与汕头红色交通站取得联系，预约参观时间，并了解具体要求。
2. 准备好相机、笔记本、笔等物品用于记录。
3. 向家长发送活动通知，告知活动的时间、地点、内容以及需要准备的事项。

### 活动过程

1. 在指定时间和地点集合，由教师带领家长和幼儿一同前往汕头红色交通站。
2. 进入交通站参观，了解历史人物和事件。
（1）在工作人员引领下，参观红色交通站内的展览，认识革命时期的历史人物。
（2）听讲解员介绍革命先烈的英雄事迹，观看相关图片、实物展示。
3. 亲子合作体验交通站内的互动游戏。
家长与幼儿可以一起参与交通站内设计的体验游戏，如合作模拟发电报、传递信息等。鼓励幼儿积极向讲解员提出问题、交流互动，增加参观的趣味性和知识性。
4. 回园总结，记录分享。
回园后，幼儿相互分享自己的所见所闻所感，用自己喜欢的方式，如绘画、日记画等记录下来。

### 活动建议

回家后，家长可以与幼儿一起继续查找更多关于红色交通站的历史资料，丰富知识。

## 探访汕头邮局

### 活动目标

1. 参观汕头邮局，了解邮政的历史及其在社会发展中的作用。
2. 体验邮政工作人员的工作流程，增加对社会职业的认识。
3. 和家长一同参加活动，促进亲子之间的沟通和合作。

🔻 **活动准备**

1. 事先与汕头邮局取得联系，预约参观时间，了解参观注意事项。
2. 准备相机、小本子、笔等记录工具，向幼儿讲解外出安全知识。
3. 提前通知家长参观活动的具体安排及注意事项，确保每个幼儿都有家长陪同。

⭐ **活动过程**

1. 指定时间和地点集合，由教师带领前往汕头邮局。

家长和幼儿到达指定地点集合签到后，领取亲子活动手册。教师交代参观邮局的安全注意事项。家长负责陪同自己的孩子。

2. 参观学习，了解邮政的历史及邮局的作用。

（1）在邮局工作人员的带领下参观各个区域，了解邮政工作的历史背景和邮局的作用。

（2）观看邮票展览，了解不同邮票背后的故事。

（3）参观学习寄送信件的过程，包括书写地址、贴邮票、投递等步骤。

3. 深入体验，和家长一同参与邮局的互动活动。

（1）和家长一起写一封信给家人或朋友，并亲自贴上邮票，体验寄信的乐趣。

（2）参与邮局提供的互动游戏或手工制作活动，比如制作个性化的邮戳或明信片。

4. 回园总结分享活动心得。

返回幼儿园后，组织一次分享会，让幼儿讲述自己的感受和学到的知识，家长也可以分享自己参观的心得。

✏️ **活动建议**

1. 参观过程中，鼓励幼儿积极提问，激发好奇心和探索精神。
2. 活动结束后，可以通过问卷等形式收集家长和幼儿的反馈意见，以便于后续改进。

## 八、主题评价

本主题根据故事的三个重点情节"海娃接受送信任务""机智藏信""完成送信任务"，生成了"勇担任务""智斗敌军""巧送信件"三个子主题，引导幼儿通过阅读、操作、实践、参观、调查、实验等不同的方式，全身心投入到活动中，了解战争年代人民的穷苦，感受和体验海娃送信的艰难，学习"海娃""儿童团"等小英雄机智、勇敢、坚持、不怕困难的品质以及敢于斗争的精神，并将这种精神延伸到生活中，在完成一次次任务的过程中锻炼自己的意志力，在一次次游戏挑战中克服心中的恐惧，在一次次与同伴的合作中体会相互合作和团结的力量，在一次次帮助别人的过程中感受助人的喜悦，在一次次获得成功的过程中收获自信和快乐，在了解过去的穷苦落后中体会现在生活的幸福，从而学会珍惜当下、感恩祖国。

本主题活动目标达成情况可用检核表（见表3）进行评价。

表3 主题活动"英雄小海娃"检核表（5~6岁）

| 序号 | 目标 | 评价内容 | 幼儿发展 ▛ ▛▛ ▛▛▛ |
|---|---|---|---|
| 一 | 身体发展目标 | 1. 发展身体的平衡和协调能力以及动作的协调性和灵活性。 | |
| | | 2. 发展走、跑、跳、攀、爬等各种动作，锻炼运动的耐力和毅力。 | |
| | | 3. 发展画、剪、折、粘等手部精细动作，能使用简单的劳动工具或用具。 | |
| | | 4. 能主动参加体育活动，遵守活动规则，并注意活动中的安全。 | |
| 二 | 认知发展目标 | 1. 熟悉故事《鸡毛信》的情节，知道鸡毛信的重要性。 | |
| | | 2. 了解革命过程中涌现的小英雄的英雄事迹，能够根据故事情节绘制故事海报或者连环画。 | |
| | | 3. 了解无字天书的原理，能够用无字天书的原理制作鸡毛信。 | |
| | | 4. 了解观察敌情、传递信息的一些办法，如望远镜瞭望、传声筒传声、对暗号、无字天书等。 | |
| | | 5. 了解汕头红色交通站和汕头邮局的故事。 | |

（续上表）

| 序号 | 目标 | 评价内容 | 幼儿发展 ▐ | ▐▐ | ▐▐▐ |
|---|---|---|---|---|---|
| 二 | 认知发展目标 | 6. 能以自己和客体为中心辨别左右。 | | | |
| | | 7. 能用符号表现地图中的山、河、树等物体，绘制地图。 | | | |
| | | 8. 能够在实验中动手动脑寻找问题的答案。 | | | |
| | | 9. 能够用一定的方法验证自己在操作前的猜测。 | | | |
| | | 10. 能在成人的帮助下制定简单的一周任务单、调查计划并执行。 | | | |
| 三 | 社会性发展目标 | 1. 对革命时期涌现的小英雄产生崇敬之情，萌发爱国情怀。 | | | |
| | | 2. 主动承担任务，遇到困难能够坚持而不轻易求助。 | | | |
| | | 3. 能认真负责地完成自己所接受的任务。 | | | |
| | | 4. 能够大胆表达自己的想法。 | | | |
| | | 5. 能与同伴分工合作，遇到困难能一起克服。 | | | |
| | | 6. 愿意为集体做事，给予他人力所能及的帮助。 | | | |
| | | 7. 能体会到父母养育自己的辛苦，主动为父母分担家务。 | | | |

评价补充

## 九、主题资源

1. 绘本《鸡毛信》。
2. 电影《鸡毛信》。
3. 歌曲《儿童团放哨歌》。
4. 歌曲《只怕不抵抗》。
5. 电影《小兵张嘎》。
6. 电影《闪闪的红星》。